DUNLUCE CASTLE.—VIEW OF THE RUINS FROM THE SOUTH-EAST.

Notes

ON THE RUINS OF

DUNLUCE CASTLE

COUNTY OF ANTRIM,

With Explanation of a Reconstructed Plan of the
Earlier Fortress.

By W. H. LYNN, Architect.

..ALSO..

Some Historical Notes of its Builders,

THE MacUILLINS AND MacDONNELLS.

By FRANCIS JOSEPH BIGGER, M.R.I.A.

BELFAST:
M'CAW, STEVENSON & ORR, LIMITED,
THE LINENHALL PRESS.
1905.

TO THE MANY MEMBERS

OF

THE CLANS MacUILLIN AND MacDONNELL

IN THE

ROUTE AND THE GLYNNS OF ANTRIM

AND THE WORLD OVER

THESE PAGES

RECORDING SOME OF THE ACTIONS

OF THEIR CHIEFTAINS

ARE DEDICATED

Notes on the Ruins of Dunluce Castle, County of Antrim,

With Explanation of a Reconstructed Plan of the Earlier Fortress.

By W. H. Lynn, Architect.

IN contemplating the ruins of Dunluce Castle, even a casual visitor may observe a marked contrast between the rude character of some of the protecting works of the fortress—such as flanking towers or bastions of rough masonry of an early and altogether military type—and the remains of a more elaborate style of building within the enclosure, which suggest a rather striking example of domestic architecture of the Elizabethan period. The latter, known as "The Banqueting Hall," was embellished by cut stone dressings, and possessed a range of three two-storied bay windows on its western side, overlooking the castle yard and an extensive coast view, and had other mullioned windows in its gables. There was also on the west side an entrance doorway, which, judging from a few fragments that are left, was of an ornamental character, consisting probably of a semi-circular-headed opening, with moulded jambs and archivolt, within a frame formed of side pilasters or attached columns, and on top a moulded entablature, surmounted by a panel containing the armorial bearings of the MacDonnells, surrounded with heraldic or other carving (it is fragments of the latter that remain). The quoins of this building are also of cut stone. In the square barbican tower, apparently of equal date with the hall, cut stone was used more sparingly. The entrance gateway and the windows in the upper portion of the tower most probably had cut stone dressings, but

B

these have long since disappeared, and the only details of the kind now visible are the corballing courses, under the bartizans or tourelles at the outer angles

How far back the origin of the earlier buildings should be placed is uncertain, in the absence of historical record, or even, as it would seem, of reliable mention of the castle at all prior to the sixteenth century, and yet, circumstances seem to point to the certainty of a considerable period of time having elapsed between the erection of the original structure and the rebuilding of certain portions of it in later years. No architectural detail, either, can be found in connection with what remains of the early work to afford a clue to its age ; therefore, it is only by comparing such remains as there are, and the plan of the whole that may with reasonable certainty be reconstructed from them, with buildings similar in plan and character that exist elsewhere and have a history, that the date of its erection may be approximately arrived at.

A resemblance has been thought by some to exist between Dunluce and Dunstaffnage, the latter being one of the Scotch strongholds of the MacDonnells, as " Lords of the Isles " A description, with plans and sketches, of this castle, may be found in a work by MacGibbon and Ross, on the " Castellated Architecture of Scotland " In this work the very numerous examples illustrated are grouped according to their dates, and Dunstaffnage is placed by these authorities amongst the castles erected during the thirteenth century In a book dedicated to the Countess of Antrim, in 1829, by Archibald MacSparran, a tradition is mentioned that attributes the building of Dunluce Castle to "an Irish chieftain, by name MacKeown, to awe the Danes and Cruthneans or ancient Caledonians, as well as his tumultuous neighbours", that it was taken from the MacKeowns by the English, and subsequently from the latter by Daniel MacUillin

A careful investigation of the structure of the later buildings, and of walls adjoining them, will show that they were preceded by others differing from them in form and arrangement, and the evidence of this is so unmistakable and definite as to have rendered possible a reconstruction of the plan of the earlier castle, without drawing unduly on one's imagination The points of evidence that have been relied on were noted many years ago, when making a measured plan of the ruins as a holiday amusement. The drawing, however, was mislaid, and owing to that and other causes, the matter remained in abeyance until recently The points referred to are indicated on the accompanying plan 1, by letters corresponding to those following

(a) A portion of curved wall, about six or seven feet in length, that formed the outer ring of a *third* circular tower, of a diameter equal to those of the existing towers　The inner face of the curve is exposed to view, and the concentric line of the outer face, against which the later curtain wall was built, can be readily traced by using an iron pin　At one side the thickness of the wall presents the appearance of having been *cut through* obliquely to the line of the passage-way opening into the later barbican ; on the other side there is a built face, that may have formed the side of an embrasure or loophole

(b) A portion of an earlier curtain wall that connected the third tower with the existing bastion (No. 2) at the S E angle of the rock. This, which is a fragment of the outer wall of the old covered way, stands some feet in height above the ground at the S W angle of the " Banqueting Hall," the quoin of which is built into, and on, the older work　A portion of the foundation of the same wall, in line with this, is to be seen eastwards, near to where it joined the bastion　A small loophole may be noticed close to this, in the tower, that formerly commanded the outer face of the wall　Evidently the older wall was retained to serve as the inner wall of the later covered way.

(c) A fragment of a circular inner wall face at the N.W. angle of the barbican, probably of a spiral stair well in the earlier building This is shown on Du Noyer's plan of the ruins (1839) as a solid square buttress pier, with a portion of the back wall of the barbican beside it. Since then the latter and the filling of the pier have disappeared, leaving a portion of the curved wall face exposed to view.

(d) Indication of a window opening, now built up, in the west wall of the kitchen, suggests that this was formerly an outside wall in continuation of the front of the earlier residential buildings.

(e) A peculiar arrangement of walls terminating the western range of the barrack buildings—a divided gable, one half built about nine feet in advance of the other, and connected by a wall at right angles rising to the gable points.　The walls forming the re-entering angle served to stop the roofing of the barrack building that formerly would have abutted against a circular tower in that position

Having established the position of a *third* circular tower, through finding a fragment of its outer wall still *in situ*, it was a simple matter, from the relation of the tower to the line of approach from the drawbridge, to work out the plan of an earlier barbican, flanked by this

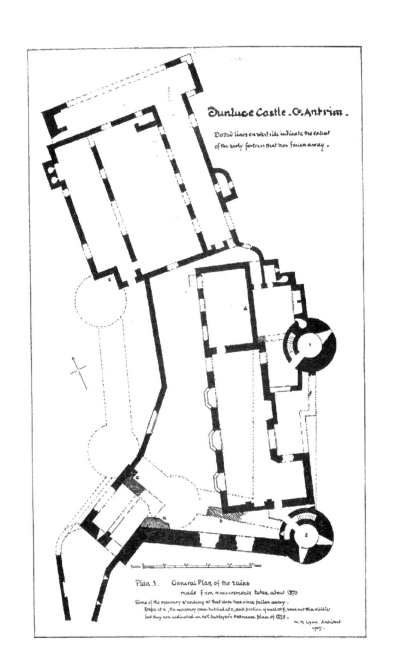

Dunluce Castle . Co. Antrim .

Dotted lines on West side indicate the extent
of the early fortress that has fallen away .

Plan 1. General Plan of the ruins
made from measurements taken about 1870

Some of the masonry standing at that date has since fallen away .
Steps at a , the masonry cross-hatched at c , and portion of wall at f , were not then visible
but they are indicated on the Ordnance plan of 1859 .

W. H. Lynn Architect
1905 .

tower on one side, and by a *fourth* tower westward near the cliff edge on the other. This fourth tower, and northward of it a *fifth* one, with a curtain wall and rampart between the two, as on the south side, are, indeed, necessary to complete a consistent plan of defensive works applicable to the site, and in keeping with the character of the older work remaining. The former existence of a fifth tower at this point is corroborated by the peculiar termination of the barrack building already noticed.

A drawbridge, alluded to in seventeenth-century documents, was, no doubt, a survival from earlier times, but, as no vestige of it remains, the plan, where indicating the connection of this with the walls of the fore-court, is purely conjectural. The bridge may have been hung from an altogether timber construction, which was not unusual, or from the face of a square tower

The earlier residential buildings most likely followed the usual arrangement of the period, and occupied a side of the castle yard (the eastern in this case) between the first and second towers, close to the rock edge, the back wall forming the curtain wall on that side. The area of the castle yard was thus left as large as possible. In this case, unfortunately, proximity to an unreliable cliff edge led to their destruction, and to the necessity for placing the later ones much farther inwards. The minor buildings or barracks on the northern half of the rock present no points of special interest beyond indications of the kitchen and bakehouse ovens that served the garrison, and the peculiar termination of the western range already referred to. This half of the rock has proved to be of a more durable nature than the other on the eastern and western sides, for it is only on the northern face, next the sea, that wastage has taken with it the outer side wall of one range of the buildings. Only the southern half of the Dunluce Rock can be said to have been fortified, the natural protection afforded to the northern portion by the more precipitous nature of its face, and by the sea that washes the greater part of its base, may have been relied on as sufficient

From the evidence already mentioned, it would appear that of the buildings originally erected on the southern half of the rock, the only portions now standing, in a ruined entirety, are two circular bastion towers (numbered 1 and 2 on the plans), and the walls of the kitchen adjoining the more northern of these. The disappearance of the remainder, and the necessity that arose for replacing them by buildings of a later date, may be attributed chiefly to the wasting of the rock

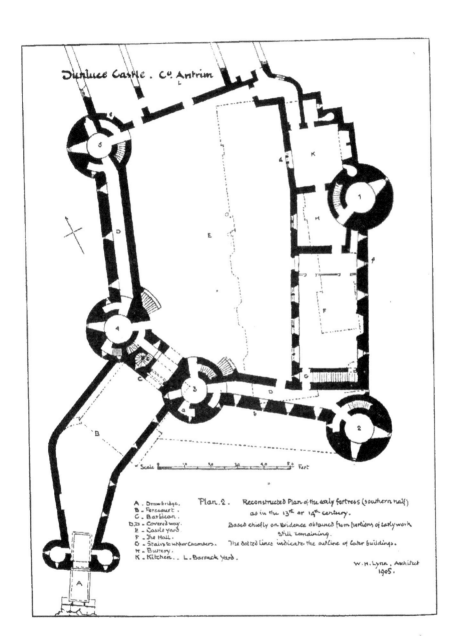

Dunluce Castle. Co. Antrim

Plan. 2. Reconstructed Plan of the early fortress (southern half)
as in the 13th or 14th century.

Based chiefly on evidence obtained from portions of early work
still remaining.

The dotted lines indicate the outline of later buildings.

A . Drawbridge.
B . Forecourt .
C . Barbican .
D.D . Covered way.
E . Castle yard
F . The Hall
G . Stairs to upper chambers.
H . Buttery.
K . Kitchen . . L . Barrack yard .

W. H. Lynn, Architect
1905.

Scale ⌐ 10 20 30 40 50 Feet

face on the eastern and western sides, at points about opposite to one another, where the formation is more perishable than elsewhere. Owing to this, the foundation support of walls near the cliff edge was weakened, and the stability of the buildings became gradually endangered, and, in course of time, destroyed a process that unfortunately continued, and is still in active operation The rock failure does not seem to have occurred simultaneously, or even equally, on both sides. The fact that the present gable on the east side, adjoining the second tower, is built on much the same line as the early curtain wall and that a portion of this older wall is indicated on Du Noyer's plan of 1839, as then connected with the northern tower, is sufficient to suggest that the first failure occurred on the western side ; and there, most probably, at the fourth tower, where it is evident a much larger proportion of the rock has fallen away than at the other side

When the outer portion of one or both of the western towers disappeared, the wall and rampart between them, owing to being further removed from the edge, most likely remained intact, and, when the tower ruins were removed, would naturally be extended to join the angle of a reduced, or of a new barbican, at one end, and the barrack buildings at the other Had it been otherwise, a new curtain wall, set farther back, would have been necessary. This, however, would have so far narrowed the castle yard, that was subsequently to be encroached on from the other side by the new residential building, it is hardly conceivable that the latter would have been advanced so far as it was if only a very limited space was to remain in front of it —a consideration that rather strengthens the probability of this curtain wall having survived until after the erection of the new hall Subsequently it may have been necessary to build one farther back, on an intermediate line, prior to a still later setting back to the present mere wall, which, in its turn, is now falling away The castle yard originally was a spacious one, of a nearly uniform width of about 60 feet, and 100 feet long The building of the new hall reduced the width to about 36 feet, and since then wastage of the rock has further reduced it, until now little more than 18 feet is left at the narrowest point.

When the fourth tower disappeared, the older barbican would lose much of its imposing appearance, but would not have been so seriously injured as to necessitate the immediate erection of an altogether new one ; for, when the broken face on the west side of the gateway portion, and the continuation of the western curtain wall, were made good, and the west wall of the fore-court was joined to it near the spiral stairs,—

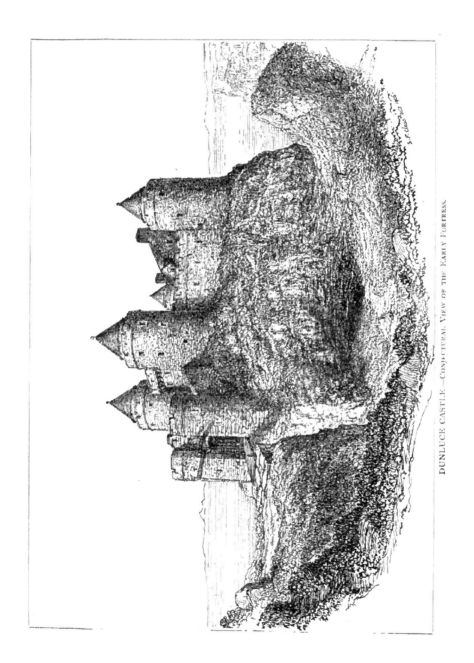

DUNLUCE CASTLE.—Conjectural View of the Early Fortress.

it would, practically, form as defensible a work as before It is more than probable, therefore, that after traces of the ruined towers were removed, it remained, and did duty in that reduced condition until other considerations combined to render its removal and the erection of the later barbican and south curtain wall desirable Such considerations arose most likely after rock failure on the eastern side had threatened or destroyed the outer wall of the early residential buildings, when, owing to a desire for more ample and up-to-date accommodation in this department, advantage was taken of the circumstances, and a general scheme was projected and carried out, under which a new curtain wall and barbican were built on an advanced line southwards, to make way for enlarged residential buildings, the erection of which, however, would not be proceeded with until the completion of the advanced wall would admit of the removal of the early covered way and rampart, across which the S W angle of the "Banqueting Hall" was to extend   Thus, the whole of the later buildings may be said to have been carried out together, as they would probably have been under the alternative circumstances of a simultaneous failure on both sides of the rock

The possibility of an interval occurring during the progress of the work, in which the fortress might be left unprotected, was carefully guarded against   The new curtain wall was first built outside, but just touching, the third tower, and from where its western end met the eastern wall of the fore-court, it followed the latter, thickening it to form the projecting eastern side of the new barbican, as far as its south or entrance front   From the western quoin of the front, the west side wall was returned backwards to join the front wall of the old barbican—now to serve as the back wall of the later one—at the spiral stair, while the west wall of the fore-court was shortened and curved inwards to join the S W. angle of the new tower—all carried on outside and independent of the older work, which could then be safely removed Above the rampart level, from the back of the south curtain wall parapet, the half thickness of the east wall was carried inwards to join the old front wall, to form a quoin on its *inside* face, which then became an outer face on the new tower. The upper portion of the third tower was probably taken down by degrees, to provide material for the new work.

The demolition of the third tower would necessarily enter into the scheme of rebuilding, for, under the new conditions, it would not only be out of place inside an advanced line of defence, but would

C

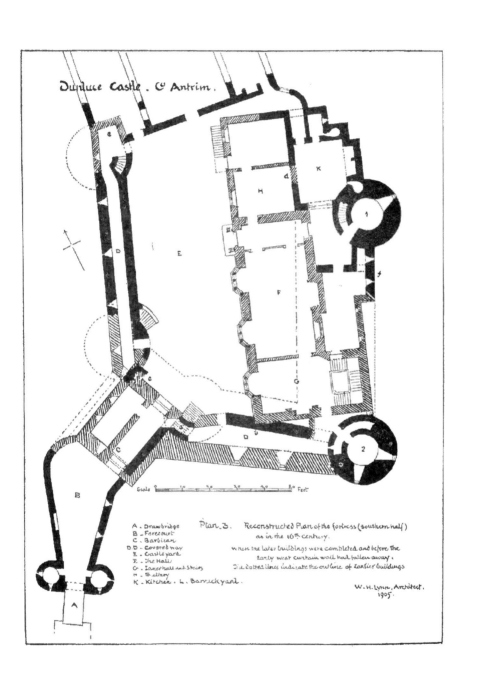

Dunluce Castle. Co Antrim.

A . Drawbridge
B . Forecourt
C . Barbican
D.D . Covered way
E . Castle yard
F . The Hall
G . Inner hall and stairs
H . Gallery
K . Kitchen   L . Barrackyard.

Plan 3.   Reconstructed Plan of the fortress (southern half)
as in the 16th century.

when the later buildings were completed, and before the
early west curtain wall had fallen away.

The dotted lines indicate the outline of earlier buildings

Scale [scale bar] Feet

W. H. Lynn, Architect.
1905.

prove an obstruction in the castle yard, standing so close to the front of the new hall, and as the barbican had already lost its western tower (No 4), the sacrifice of the remainder may have been regarded as more than compensated for by the advantages of finer residential buildings.

The survival of such a small portion of this tower, after the whole of the remainder had been so completely demolished, and, probably, used up in the new work, would appear unaccountable but for the fact, recorded by Du Noyer on the plan made by him in 1839, that evidence then existed of a flight of steps at this spot leading from the castle yard to the later rampart As these steps would pass over the later covered way, it may reasonably be assumed that the fragment of the old tower wall at that point was left standing to support an arch under the steps—a service that was more than repaid by the steps in their preservation of the wall, through the protection they afforded it for so many years No vestige of arch or steps is now visible; but if the mound of debris in front of the curved wall was excavated for about four feet in width, the inner ring of the same circular wall would most likely be met with at a lower level, and possibly some evidence of the steps, for the flight must have extended somewhat into the yard

The ruined openings in the south curtain wall are of interest, as being most probably where large embrasures had been formed to receive two of the guns Sir James MacDonnell recovered from the wreck of an Armada ship, and that were mounted here in 1597, when Chichester demanded their surrender—a third and smaller one may have been placed on the rampart above. Sir James, however, refused to give up the guns, and what became of them eventually appears to be unknown Possibly they were shipped to Scotland to be out of the way of the Irish Deputy, for MacGibbon and Ross, in their work already referred to, mention that " three beautiful Spanish pieces, relics of the Armada," were to be seen on the ruined walls at Dunstaffnage as recently as twenty years ago, and that there also " openings in the walls had been altered for guns "

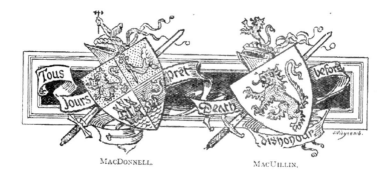

MacDonnell.　　　　　MacUillin.

Some Historical Notes about Dunluce and its Builders.

By Francis Joseph Bigger, m.r.i.a.

JUDGING by the ruins of Dunluce as they at present exist, there can be no doubt that the main buildings are the work of two epochs—the earlier dating from about the thirteenth century, and the later from the sixteenth—with different portions, doubtless, connecting the two ages. To the MacDonnells popular credit is given for the creation of this stronghold—doubtless due to the fact that they were its last occupants; but the real builders were the MacUillins (anglicized MacQuillin); and this is fully borne out by all the reliable records, and now thoroughly confirmed by the present exhaustive architectural examination. The large eastern tower is still called MacUillin's Tower, and the one to seaward Maobh'ṗ Tower—probably after a female member of the same family. These are right designations as far as they go, seeing that all the towers—and there were five of them—were originally erected by the Mac-Uillins. The one to the west has crumbled away, and the two at the barbican have also fallen or been removed to make place for a newer structure in the sixteenth century. These different erections are clearly indicated in the ground plan to this article. The name Oun Lioṗ (the strong fort) denotes a stronghold anterior to stone and lime; so we may readily believe that Dunluce had its occupants long before the time when the towers of the present picturesque castle were reared by the MacUillins, just as Dunseveric, a neighbouring stronghold, was noted a thousand years before the erection of the present crumbling walls which adorn its summit.

The MacUillins state that they are descended from Fiacha Mac-
Uillin, youngest son of Niall of the Nine Hostages, and that they
were chieftains in Uladh from the fifth century.   Later settlers from
Scotland and England, to lessen the wrong of the dispossession of
the MacUillins, persistently represented this family as an alien race,
some stating that they were descended from a son of Llewellyn,
Prince of Wales, a settler in the twelfth century, while others maintained that they were descendants of a William Burke, or De Burgo.
There is nothing whatever in *The Four Masters* to prove these con-
tentions ; whilst it is admitted that the chieftains of Uladh, from the
time of Fiacha till the eruption of the Normans, were elected from

DUNLUCE IN THE TIME OF THE MacUILLINS.
From a drawing by Joseph Carey.

the MacUillin race.   The descendants of Fiacha occupied the great
earthwork known as Rath-Mor of Magh-line, near the town of Antrim,
and we find it also given as Rath-Mor Magh Uillin.   Another branch of
the MacUillins resided at Dunsliabh, the mountain fortress on one
of the Mournes.

The name Uillin is said to signify "the darling son," and was
conferred by Niall on Fiacha, his youngest son by his second and
favourite wife.   Rathmor, after an existence of eleven hundred years,

was burned in 1513 by Art MacAodh O'Neill, who was pursued and slain by MacUillin for so doing   Dunluce was in existence at this time ; but after the destruction of Rathmor it became the chief residence of the MacUillins, who found its stout towers and stone walls more reliable than the booths and wooden houses of the older habitation   In 1513 the Four Masters record the concentration of the clan at Dunluce, which was then in occupation of Gerald MacUillin, and the abandonment of Rathmor   Mention is made at the same time of a settlement of a dispute at Dunluce between Garrett and Walter MacUillin by O'Donnell, who favoured the latter.

Dunseveric was also in their possession, and the old friary of Bun-na-Margie at Ballycastle was founded by them, and restored by Rorie MacUillin in the early years of the sixteenth century , so it is clear they were then the ruling family on the north coast of Antrim. The last occupant of Bun-na-Margie was Sheelah dubh ("the black nun"), one of the same clan

MacUillin's country was known as Ruta Mic Uiohilin, and the district is still known as the Route   The word Route may, however, have arisen from the district having contained the "rout," or road, through which the early migrations were carried on between Ireland and Scotland   In a State paper dated 1586 the following description occurs

"The Route, a pleasaunte and fertile countrey lyinge betwene the Glynnes and the ryver of the Band and from Clandeboye to the sea   It was some tymes enhabited with Englishe (for there remayneth yet certaine defaced castles and monastaries of ther buildings)   The nowe Capten that makethe clayme is called McGwillim, but the Scott hath well nere expulsed him from the whole, and dryven him to a small corner nere the Bann, which he defendeth rather by the mayntenaunce of Turloch O'Neil than his own forces, and the Scots did inhabit the rest, which is the best parte "

In 1541 the Deputy writes to King Henry VIII. of meeting "O'Neill and divers other Irisshe captcyns of the North, and amongst them one Maguyllen, who having long strayed from the nature of his alleigeance (his ancestors being your subjectes and came out of Wales), was grown to be as Irisshe as the worst"

These repeated references to the English, or rather Welsh, origin of the MacUillins have been explained by the statement that one branch of the family migrated to Wales at an early date, rejoining the parent stock in Dalriada at the beginning of the thirteenth century a position maintained by the Irish genealogist Duald MacFirbis.

The last MacUillin to occupy Dunluce was Edward, and he was
expelled from it about 1555, when the MacDonnells assumed the
sovereignty of the castle.   In 1565, Somhairle buidhe (Sorley boye)
was in possession, and he was the most famous of its many captains.
The Scots were disastrously defeated at Glentaise, in the May of that
year, by Shane O'Neill, and Somhairle and his brother James made
prisoners with many others of the clan Donnell.

THE ENTRANCE TO DUNLUCE IN THE TIME OF THE MacUILLINS.
From a drawing by Joseph Carey.

Shane O'Neill besieged Dunluce, capturing it after three days,
when " at laste partlye through feare of Sanhirly Boye his dethe, who
was kepte without meat or drinke to this ende the castell might be
sooner yielded and partly for saulfgarde of their own liffys seeinge the
manifold and cruell skirmishes and assaults on every side, the warde
were fain to yelde the castell into his handes, which also he comitted
to the saulfe kepynge of such of his men as were most able to defende

the same and mooste true to hym, and haveinge thus warnn the said castell kyllid and banyshed all the Skottes out of the North." Alexander, brother of Somhairle, was present at the slaying of Shane O'Neill at Cushendun a few years later, Gillaspic MacDonnell being one of the most prominent actors at that tragedy.

Rory oge MacUillin was the last of the old stock of Dunluce who appears prominently in history. He allied himself with Somhairle buidhe and the O'Neills, and was defeated, being treacherously seized by Essex at Belfast in 1574, with his kinsman, Sir Brian MacPhelim O'Neill, and executed at Carrickfergus The MacDonnells had made settlements in the Glynns for generations before they ousted the MacUillins from the Route, and captured Dunluce. They had castles at Glenarm, Uamhderg (oov deirig—Red Bay), Dunananie, and Çaenban

In Connellan's *Four Masters* it is said "Some of the ancestors of the tribe 'Clan Colla' having gone from Ulster in remote times, settled in Scotland, chiefly in Argyle and the Hebrides In the reign of Malcolm the Fourth, King of Scotland, in the twelfth century, Samhairle (Somerled, or Sorley) MacDonnell was Thane of Argyle, and his descendants were styled lords of the Isles or Hebrides, and lords of Cantyre , and were allied by inter-marriages with the Norwegian earls of the Orkneys, Hebrides, and Isle of Man The MacDonnells continued for many centuries to make a conspicuous figure in the history of Scotland, as one of the most valiant and powerful clans in that country Some chiefs of these MacDonnells came to Ireland in the beginning of the thirteenth century ; the first of them mentioned in the *Annals of the Four Masters* being the sons of Randal, son of Sorley MacDonnell, the Thane or Baron of Argyle above mentioned , and they, accompanied by Thomas MacUchtry (MacGuthrie, or MacGuttry), a chief from Galloway, came, A D 1211, with seventy-six ships and powerful forces to Derry They plundered several parts of Derry and Donegal, and fresh forces of these Scots having arrived at various periods, they made some settlements in Antrim, and continued their piratical expeditions along the coasts of Ulster The MacDonnells settled chiefly in those districts called the Routes and Glynnes, in the territory of ancient Dalriada, in Antrim, and they had their chief fortress at Dunluce. They became very powerful, and formed alliances by marriage with the Irish princes and chiefs of Ulster, as the O'Neills of Tirowen and Clannaboy, the O'Donells of Donegal, the O'Cahans of Derry, the MacMahons of Monaghan, etc The MacDonnells carried on long and fierce contests with the Mac-

Uillins, powerful chiefs in Antrim, whom they at length totally vanquished in the sixteenth century, and seized on their lands and their chief fortress of Dunseveric, near the Giant's Causeway. The MacDonnells were celebrated commanders of galloglasses in Ulster and Connacht, and make a remarkable figure in Irish history, in the various wars and battles, from the thirteenth to the seventeenth century, and particularly in the reign of Elizabeth They were sometimes called ' Clan Donnells,' and by some of the English writers ' MacConnells '" More particulars of the acquisition of Dunluce by the MacDonnells are given in Hamilton's *Letters on the Coast of Antrim*, which are here extracted

" There are three or four old castles along the coast, situated in places extremely difficult of access, but their early histories are for the greater part lost The most remarkable of these is the castle of Dunluce, which is at present in the possession of the Antrim family It is situated in a singular manner on an isolated abrupt rock, which projects into the sea, and seems as it were split off from the mainland. Over the intermediate chasm lies the only approach to the castle, along a narrow wall, which has been built somewhat like a bridge, from the rock to the adjoining land ; and this circumstance must have rendered it almost impregnable before the invention of artillery. It appears, however, that there was originally another narrow wall which ran across the chasm parallel to the former, and that by laying boards over these an easy passage might be made for the benefit of the garrison.

" The walls of this castle are built of columnar basalts, many joints of which are placed in such a manner as to show their polygon sections ; and in one of the windows of the north side the architect has contrived to splay off the wall neatly enough, by making use of the joints of a pillar whose angle was sufficiently obtuse to suit his purpose.

" The original lord of this castle and its territories was an Irish chief called MacUillin, of whom little is known, except that, like most of his countrymen, he was hospitable, brave, and improvident ; unwarily allowing the Scots to grow in strength until they contrived to beat him out of all his possessions

" In the course of my expeditions through this country, I met with an old manuscript account of the settlement of the Scotch here, of which I shall give you a short extract. It will serve in a good measure to show the state of the inhabitants in the sixteenth century

and the manner in which property was transferred from one master
to another. The manuscript is in the hands of the MacDonnells, and
therefore most likely speaks rather in their favour

"About the year 1580, Coll MacDonnell came with a parcel of
men from Cantire to Ireland, to assist Tirconnell against the great
O'Neal, with whom he was then at war. In passing through the Root
of the county of Antrim, he was civilly received and hospitably
entertained by MacUillin, who was then lord and master of the Root
At that time there was a war between MacUillin and the men beyond
the river Bann.

"On the day after Coll MacDonnell was taking his departure to
proceed on his journey to Tirconnell, MacUillin, who was not equal
in war to his savage neighbours, called together his galloglaghs to
revenge his affronts over the Bann, and MacDonnell, thinking it
uncivil not to offer his service that day to MacUillin, after having
been so kindly treated, sent one of his gentlemen with an offer of his
service in the field

"MacUillin was right well pleased with the offer, and declared it
to be a perpetual obligation to him and his posterity So MacUillin
and the highlanders went against the enemy, and, where there was a
cow taken from MacUillin's people before, there were two restored
back, after which MacUillin and Coll MacDonnell returned back
with a great prey, and without the loss of a man

"Winter then drawing nigh, MacUillin gave Coll MacDonnell an
invitation to stay with him at his castle, advising him to settle himself
until the spring, and to quarter his men up and down the Root. This
Coll MacDonnell gladly accepted, and, in the meantime, seduced
MacUillin's daughter, and privately married her, on which grounds
the Scots afterwards founded their claim to MacUillin's territories

"The men were quartered two and two through the Root, that is to
say, one of MacUillin's galloglaghs and a highlander in every tenant's
house

"It so happened that the galloglagh, according to custom, besides
his ordinary, was entitled to a mether of milk as a privilege This
the highlanders esteemed to be a great affront, and at last one of
them asked his landlord, 'Why do you not give me milk as you give
to the other?' The galloglagh immediately made answer, 'Would
you, a highland beggar as you are, compare yourself to me, or any of
MacUillin's galloglaghs?'

"The poor honest tenant (who was heartily weary of them both) said, 'Pray, gentlemen, I'll open the two doors, and you may go and fight it out in the fair fields, and he that has the victory let him take milk and all to himself.'

"The combat ended in the death of the galloglagh; after which (as my manuscript says) the highlander came in again and dined heartily.

"MacUillin's galloglaghs immediately assembled to demand satisfaction; and in a council which was held, where the conduct of the Scots was debated, their great and dangerous power, and the disgrace arising from the seduction of MacUillin's daughter, it was agreed that each galloglagh should kill his comrade highlander by night, and their

THE ENTRANCE TO DUNLUCE IN THE TIME OF THE MACDONNELLS.
From a drawing by Joseph Carey.

lord and master with them; but Coll MacDonnell's wife discovered the plot, and told it to her husband. So the highlanders fled in the night time, and escaped to the island of Raghery.

"From this beginning, the MacDonnells and MacUillins entered on a war, and continued to worry each other for half a century, till the English power became so superior in Ireland, that both parties made an appeal to James the First, who had just then ascended the throne of England.

"James had a predilection for his Scotch countryman, the MacDonnell, to whom he made over by patent four great baronies, including, along with other lands, all poor MacUillin's possessions However, to save some appearance of justice, he gave to MacUillin a grant of the great barony of Inisowen, the old territory of O'Dogherty, and sent to him an account of the whole decision by Sir John Chichester.

"MacUillin was extremely mortified at his ill success, and very disconsolate at the difficulties which attended the transporting his poor people over the River Bann and the Lough Foyle, which lay between him and his new territory   The crafty Englishman, taking advantage of his situation, by an offer of some lands which lay nearer his old dominions, persuaded him to cede his title to the barony of Inisowen   And thus the Chichesters, who afterwards obtained the title of Earls of Donegall, became possessed of that great estate, and honest MacUillin settled himself in one far inferior to Inisowen

"One story more of MacUillin   The estate he got in exchange for the barony of Inisowen was called Clanreaghurcie, which was far inadequate to support the old hospitality of the MacUillins   Rory Oge MacUillin sold this land to one of Chichester's relations, and having got his new granted estate into one bag, was very generous and hospitable as long as the bag lasted   And so was the worthy MacUillin soon extinguished "

After the Desmond war had ended, Sir John Perrot set out for the North in 1584 to repel the Scottish invasion which was then threatened Somhairle buidhe had by this time settled himself in Dunluce, strengthening his walls and marshalling his forces in view of the coming storm. The Scots were always coming and going , the beacon fires on Benmore and Tor were reflected on Cantire.   If trouble were brewing in the Glynns or the Route, redshanks poured in from the Isles in abundance   If Clan Donnell was pressed in the Isles, Dalriada sent forth dozens of ships laden with sturdy warriors   On this occasion the Deputy had been misinformed , the threatened invasion had not taken place   Perrot, with the Earls of Ormonde, Thomond, and Clanricard, and many other gallant captains, with an immense force, marched on Dunluce, attacking the stronghold with a "culverin and two shakers of brass "   The defenders were few in number, contrary to the Deputy's expectations, which much chagrined him   Nevertheless, he wrote the following epistle to carry off his expensive foray into Ulster   " They were in number little fewer, their training and furniture no worse, and their purpose no better than I wrote.   Myself, and the rest of my company," he continues, "are incamped before Dunluce, the strongest piece of this realme, situate upon a Rocke hanging over the sea, divided from the main with a brod, deepe, rocky ditch, natural and not artificial, and having no way to it but a small necke of the same rocke, which is also cutt off very deep It hath in it a strong ward, whereof the capten is a natural Scot, who when I set to summon them to yielde, refused talke, and proudly answered, speaking very good English, that they were appointed and would keep it to the last man for the king of Scots use, which made me to draw thither "

Amongst the plunder taken away from Dunluce by Perrot was the Cross of Saint Columbcille, which he sent to Burghley with the following note . "And for a token," says Perrot, " I have sent you Holy Columcill's Cross, a god of great veneration with Surley Boy and all Ulster, for so great was his (Columcill's) grace, as happy he thought himself that could get a kiss of the said cross I send him unto you, that when you have made some sacrifice to him, according to the disposition you bear to idolatry, you may, if you please, bestow him upon my good Lady Walshyngham, or my Lady Sydney, to wear as a jewell of weight and bigness, and not of price or goodness, upon some solemn feast or triumph day at Court "

The Deputy admitted that there was a garrison of only forty men in charge of Dunluce, and that Somhairle buidhe had crossed the Bann. Queen Elizabeth's policy was to break the power of the Scots, as she considered they were getting too powerful, and by dividing their lands, or raising the MacUillins or other chieftains against them, to make her rule easier and less expensive The English did not long retain their easily acquired conquest, for very shortly afterwards we find a "plain unvarnished" statement from Wallop, telling of the fall of Dunluce, and the slaying of Peter Carie, its constable, together with many of the English garrison In truth, this hapless constable was hanged over one of the walls of Dunluce, and in sight of an English force, which quickly decamped without any attempt either to save him or avenge his death. In April 1586, the Queen wrote to the Irish Deputy and Council, directing a pension of one shilling a day, to be paid to Catherine Carie, in consideration of the loss of her husband, who, when "appointed Constable of the Castle of Dunluce, was betrayed by some of his own, and miserably slain by the Scots " His widow had "five small children without any means for their maintenance or bringing up."

In a memoir of Sir John Perrot, written several years afterwards, the author exonerates the Deputy, and lays the blame of this disaster on the hapless Carie, or rather on his northern extraction . " Withal, there happening an accident of the loss of Dunluce (which the deputy had now, and placed a ward therein), he advertised the same unto the Privie Council in this manner When he first took that pile, he placed a pensioner called Peter Carie to be constable of it, with a ward of fourteen soldiers, thinking him to be of the English pale or race , but afterwards found that he was of the North This constable reposing trust in those of his county and kindred, had gotten some of them unto him, and discharged the English soldiers, unknown to the Deputy , two of these having confederated with the enemy, drew up fifty of them by night, with ropes made of withies Having surprised the castle, they assaulted a little tower wherein the constable was, and a few with him. They at first offered them life, and to put them in any place they would desire (for so had the traitors conditioned with them before) , but the constable, willing to pay the price of his folly, chose rather to forego his life in manly sort, than to yield unto any such conditions, and was slain "

This statement, doubtless, minimizes what occurred, for Wallop speaks of " many of the English garrison having been slain " There was, we cannot doubt, a bloody and determined struggle before the brave Scots recovered Dunluce from the English garrison

The elation of Somhairle buidhe at the recovery of Dunluce was saddened by the treacherous slaughter of his favourite son Alexander, whose head was spiked on the gates of Dublin. He sued for peace, which the Deputy was only too glad to entertain on practically his own terms He made his peace in Dublin castle, and received a grant of his lands. A pathetic incident is recorded of the proud old chieftain during his visit to the capital. His son's head was pointed out to him as a sort of menace to enforce future obedience. The old warrior replied, with the fire of youth still coursing in his veins " My son hath many heads " This same Alexander met his death outside the walls of Dunluce. In *The MacDonnells of Antrim* we read " If the walls of the vault in Bunnamairge could speak, they would tell how that gallant young soldier had been brought hither to be buried When the English host under Perrot approached Dunluce, Alexander MacDonnell was foremost in the field to meet them, and with only a handful of men contrived to keep the struggle going on until the arrival of reinforcements, which his father had collected in Argyleshire and the Isles In 1585 he headed a skirmishing party

against Captain Merriman, and sought an opportunity of challenging
that English desperado to single combat   The stratagem by which
the latter effected young MacDonnell's destruction was base and
dastardly in no common degree   The following is Cox's account of
this affair   ' Alexander MacSorlie, who commanded the Scotts, chal-
lenged Merriman to a combate , and a lusty galloglasse being by,
said he was the captaine, and so to the duell they go , the galloglasse
stund the Scotte at the first blow, but he, recovering himselfe, killed
the galloglasse ; and thereupon Merriman stept out and fought Alexander a good while with sword and target, and so wounded him in
the leg that he was forced to retreat   Thereupon his army being
discouraged, was totally routed ; and Alexander, being hid under turf
in the cabin, was discovered, and his head cut off, and set on a pole in
Dublin ' "

The great Somhairle died in 1590 at Dunananie, and was buried
in Bun-na-margie, and was succeeded by his son James, who was not
long in possession until he too fell to opposing the English power
Sir James was no favourite with the authorities in Dublin Castle, on
account of his alliance with Hugh O'Neill and his friendship with the
Scottish Court , and so we find, in 1597, Sir John Chichester, then
Governor of Carrickfergus, writing to Burghley, forwarding a complaint
to the Government against Sir James MacDonnell and his brother
Randal   " I must not forget," he says, "to aquaint your lordship
with the doubt that is held by us of James MacDonnell and Randoll
his brother ; who albeit they have not yet absolutely declared themselves in disobedience, yet they have so behaved themselves of late
towards her Maties service, as it promiseth little better fruit at their
hands   For, firste they have obstinately refused to do anie service
without maintenance from her Matie, detaining her rents, notwith-
standing I have often demanded the same of them.   They have
likewise broken down two of their castells, the one called Glinarme,
and the other Red Bawne, forteffeinge themselves only in Dunluse,
where they have planted three peeces of ordnaunce, demi-cannon,
and culvering, which were had out of one of the Spanish ships coming
upon that coast after our fight with them at sea in '88.   I have
demanded the said peeces of them, to have placed them in Kerog-
fargus for the better strengtheninge of the towne, but they have
utterly denied the delivery of them."

The ill-fated Spanish vessel wrecked in the vicinity of Dunluce
Castle was not one of the large ships of the Armada, but a "galleass"

(a gigantic galley), a description of vessel carrying generally 50 guns, and impelled by oars.   This vessel was the " Gerona," and the commander then in charge of her was the famous Alonzo da Leyva.   The commander had sailed at first in a magnificent ship named the " Rata," and such was the precious quality of his volunteer band, that after any fight or storm encountered by the Armada, the first inquiry that ran among the fleet was : " Is the ' Rata ' safe ? "   The " Rata " was wrecked, but her precious cargo was safely transferred to another vessel ; that other was doomed to the same fate, but yet again Alonzo

THE WRECK OF THE SPANISH ARMADA SHIP "GERONA" AT PORT-NA-SPANIAGH,
NEAR DUNLUCE, IN A.D. 1588.

was able to rescue his company of gentle and noble Castilian youths from the fury of the sea.   After a few weeks' woeful experience on the western coast of Ireland, they made their way to Killybegs in Donegal, where they got on board the " Gerona," Alonzo believing that she could carry them safely to the Scottish coast, where they would have received protection.   It was found, however, that only about half the large party in Alonzo's charge could get accommodation in the " Gerona," the other half being disposed of among Irish friends in Ulster, who engaged to keep them safely during the winter months. The larger and more distinguished portion of the company, numbering more than three hundred, sailed away with Alonzo along the northern coast from Killybegs towards the Scottish shore, passing safely Tory Island Lough Swilly, Lough Foyle, and the Magilligan strand. But the wind began once more to rise, and the sea to roll in with its accustomed fury, as the "Gerona" passed Dunluce and neared the Causeway headlands   The rowers were utterly unable to keep the immense and unwieldy galleass sufficiently out at sea , she soon became the sport of the waves, and was at length dashed against a low splintered rock running out from one side of a little creek between the Giant's Causeway and the castle of Dunluce. The galleass had no sooner struck than she went to pieces, and out of the large number on board, only five are said to have been rescued from the wreck Two hundred and sixty bodies, including those of Alonzo and all the young Castilian nobles on board, were washed into the little creek, since known as " Port-na-Spagnia," and were buried, no doubt, in the old cemetery near Dunluce Castle

The MacDonnells had not only recovered guns and Spanish treasure chests from the Armada wreck, but had rescued a few of the half-famished Spaniards, resolutely refusing to hand them over to be hanged by the Deputy. He procured for them a friendly ship to Scotland, from where they were sent to their own land. Spanish guns were on the walls of Dunluce, and MacDonnell was proudly defiant

Sir James's next encounter with Sir John Chichester was in 1797, when he outwitted the Governor of Carrickfergus at Altfracen, near that town, defeating him and hunting his captains   He cut off the head of Sir John, and sent it as a trophy to the camp of Hugh O'Neill, whose soldiers made a football of it, and then he coolly wrote to Dublin : " If her Matie desire me to be her subject, I will not have Sir Arthur Chichester to be Governor of Carrickfergus " Sir Arthur had been appointed to the post so suddenly vacated by his brother John   MacDonnell knew the character of Sir Arthur Chichester even at this early stage of that adventurer's career, and subsequent events more than justified his opinion Chichester failed in open combat ; so we shall see how secret villainy prevailed The story has been well told

The Lord Deputy Mountjoy wrote to MacDonnell, assuring him that he might put all confidence in Chichester's honour , and Sir Arthur himself, on the 5th of April, 1601, also wrote to MacDonnell, stating that he had seen his letter to Sir F. Stafford, and that he was willing to meet and treat with him on friendly terms for the good of the State. He says:

"You neede not doute me unlesse your conscience doe accuse you of guyltines, in which I never suspected you, for I ever thought my brother was slaine by the accidente of warre, and not by your treason ; and so beleeve I beare you no private malice ; yf I did, I must lay it aside for the publicke good. But I must let you know, hade he (Sir F. Stafford) power, as you seeme to imagine, to remove me from my place, I would soner be a horsekeeper to an honest subject than governor for the Queene in this place."

CHEST IN GLENARM CASTLE, BELIEVED TO HAVE BEEN RECOVERED FROM
THE WRECK AT DUNLUCE.
From a photo by John Wilson.

MacDonnell replied from Dunluce on the 8th of the same month, professing his loyalty to the Queen, and his anxiety to serve her ; but the negotiations went no farther, for he died a very few days afterwards. In the *Annals of the Four Masters* for that year, we read : "James, the son of Sorley Boy, son of Alexander, son of John Cahanagh, the most distinguished of the Clann-Donnell, either in peace or war, died on Easter Monday."

Any means of getting rid of a person, dangerous or even trouble-
some to the State, was in those days considered justifiable   That
MacDonnell died by foul means can scarce be doubted   Not two
months before MacDonnell died, the following letter of recom-
mendation, in favour of one Douglas, the bearer, was sent to
MacDonnell by the Duke of Lennox ·

"Ryte assured frend,—this gentilman called Thomas Douglas,
brother to my Lord of Whittingham, one of his Ma counsell here,
having travelled the six or seven yeiers bypast in France, Italie,
Spaine, and Germaine, is now desyrous to see Ireland also   In consideration qhuairof, and that his brother is our frende, our duetie
moves us to recomend him in sic sorte to you as he may desyre your
favors, soe lang as he remaines with you   And that therefurther it
may please you to cause convaye him sicurly to the Erle of Tyrone,
wythe yor owene l^{tre} of recomendation, barnge that he may have the
lyke favors of his Lo, so lang as he remains in his cumpanie, and in
the end have his Lo'^{s} pasporte and leties of recomdation to some
other nobil men in that contree   And in thus doing ye sall have us
ay the mair reddie to please you occasion serving   So we end for the
p^{sent} with veiie hartie salutations   From Hollyrud-house the XVIII.
day of Februar, 1601

Yo^r Lovinge and assuied frende

LENOX

I o our verye ryte assured frend Sr James McSorle of the Rowte,
Knyghte"

Now this Douglas was a paid spy, and—if his own words can be
trusted—a vile assassin, in the service of the English Government.
How he happened to procure credentials from the Scottish Court—
credentials which, though signed by Lennox, purport, by the use of
the plural pronoun, to be from the King himself—can easily be
explained   James, with the low cunning which ever predominated in
his character, feigned to keep on good terms with the insurgent Irish
chiefs, though he was secretly receiving a pension from Queen
Elizabeth   Indeed, at the very time the above letter was written, the
Scottish king was memorializing Cecil, through James Hamilton, for
an increase of pension, and in the following month it was raised
£2,000

MacDonnell, it will be recollected, wrote from Dunluce to Chichester on the 8th of April. Chichester, in a postscript of a letter

to Cecil, dated the 6th, which had been "stayinge for a wynde," says: "Even now a messenger is come unto me with assured reporte of Sir James McSorlye his death and burial This is the 10th of April" The *Annals of the Four Masters*, than which there could be no better authority on a question of this kind, state that MacDonnell died on Easter Monday, which in that year fell on the 13th of April, so his death and burial on the 10th was a "foregone conclusion" On the next day, however, the 11th—as we learn from the following letter to Cecil—Douglas, the spy, came into Carrickfergus and told Sir Arthur that *his business was at an end in this country*

"This bearer Mr. Thomas Douglase, who brought me your pleasure concerninge him, came unto me the 11th of this Instante; I have performed what you have commanded, and sent him on this passage to Chester, for that he tolde me his business was att an ende in this countrie He complaynes of some wante of monie, he shal be furnished with as much as wyll defraye his charge to London, which I thinke is your pleasure I have kepte the letter with me, and rest,

Your honor's in all faythfulness to doe you service,

ARTHUR CHICHESTER

Knockfergus, this 12th of April, 1601."

The preceding is the public official letter given to Douglas, as bearer; but, on the very same day, Chichester wrote the following private letter to Cecil, from which we can glean a little more about Douglas and his "business"

"This last occasion was offred me by the coming of one Mr. Thomas Douglas with your honor's letters touchinge his saftie and speedie sendinge unto you, the contents of which I have performed, sendinge hym by this passadge He hath lefte a discourse of some of his observations with me, desiringe to have them sent to my Lord Deputie and State, wch shall be performed, albeyt I thinke moste of them matters of small moment, and some of them wylle hardlie be creadited The materiall pointes have byne longe knowen to this State, but, havinge manie businesses in hande neare home, can not as yet secure all plaices. He will bring yor honor the draught of that he lefte with me, of which I knowe yor ho^r can give a just censure; but I thinke Tyrone will never see the half of those forceis togeather, which he reportes of He hath declarde some thynges unto me (wch I thinke he wyll delyver and more to your honor) I shall know the certayntie before the next passage, whereof I wyll advertise you, and with the speeches he delyvered me, yf yt please you to understande them, parte of which weare that he caused a lough[m] to be sett on fire, and Tyrone's horse to be slaine under him, and other thynges w[ch] I wylled him to keep secret, leste he were an hinderance to others endevors."

Chichester was as able a diplomatist as a soldier; as efficient in the closet as in the field. The "yf yt please you to understande them," in allusion to Douglas's villainies, when addressing Douglas's employer, is a nice stroke of art. Moreover, there is not one word of

DUNLUCE CASTLE IN ITS PRIME.
From a drawing by Joseph Carey.

MacDonnell's death: a subject which must certainly have at that time occupied the mind of the writer. Fortunately, the "draught" of Douglas's observations and actions is in existence; and though it is imperfect, having neither address nor signature, it was undoubtedly written by him and addressed to Cecil. It is a lengthy document, and the handwriting is as villainously bad as the heart of the writer. We shall merely extract the commencement, and the part relating to the death of MacDonnell.

"The progres of my services sense my arrival yn Irland, which was upon Thorsday xvij of Martsch an. 1601.

"I wrot yor honor from Glasgow, wch verie nyght I tuk bot, and within foure and twentie houres landit at Boncorgi ; whair in the landing being taken for some of James Og his servantis, sum that did garde that place let flie ane volli of x or xii shot amongis hus, wher with won of the bot men was dedlie hurt and won of my men killit ;

DUNLUCE CASTLE AT THE PRESENT TIME.
From a drawing by Joseph Carey.

but efter I had halluit to theim, showing that war freiendis and sent from Scotland to Sir James Mak Sorl, thay cam nei hus and semit to sore for that was done.   I seing no mein to mend my self, efter sum hard speichis, willit thaym to cari me saif without ani furder harme to thair maister, which willinglie thay did.   I fund him sumquhat siklie of ane byl, and ane Scottish surgin of my ould aquentance with him. I delyverit him such letters as I had for him from Scotland, as also ane rapier and dager with girdil and hangers, as sent from the Duk, which he most gladlie recevit, offering me all kyndness"

The spy then relates a long conversation he had with MacDonnell, representing the latter as hostile to the English, and then proceeds as follows ·

"I thot how to serve yoʳ honor, then I callit the surgin with him, who is callit William Lin, indweller of Irvine; then, after manie recalling of ould friendship, I tould him 'Thair is non heir saif hus tou, and, if he wil swer to kep counsal, I will revel ane secret to you, which may benefit you more than you are awar of' He answerit, using sum speichis of assente, that I had knoine him lang, and that he wold forsak nathink for my sak, if it wer death   Then said I : 'If ever this be revellit, non knois saif hus tou, and if it be knoin it is both our deathis, and if you revel it, howbeit I dy, yit think never to lief long in Scotland.' 'Alake,' said he, 'what meinis al theis, ye kno I am yours,' with an oth   Then said I · 'You, halving this man in your handis, may bothe inrich your self and doe me credit. If you will find some meins to dispatch him, I will geyf you my bond with seissing for fyve pound sterling mony, efter his death to be payit, and sunquhat in your hand.'   He being silent for a quhyl : 'But how,' said he, 'shal I aschap?' Said I 'If ye ondertake it, I will geyf you fyf pound in hand, sense I haif bot smal stor of mony heir, and ane letter to the Governour of Knockfargus (sense nothing can be prolvin against you) to seè you saif sent hom' 'No,' said he, 'I wil haif eyght pound, and your bil, and if he dy not be fore Eyster, I shal crave no more, and you shal half your mony bak again at meeting.' So then I tuk his oth upon a buk, no ownlie for secresie, as alsoe to dou that he had taken in hand. Al this in won day and ane half I did. Then Sir James gaif me ane convey to Occen, willinge me to cum his way bak again, and he wold haif ane cupil of hak magis readi for me my self and sum for my maister."

The spy then as circumstantially details his visits to O'Cahan and Tyrone, and tells how he burned a house, built of wood and thatched with rushes, belonging to the latter at Dungannon   This last feat completely identifies him as Thomas Douglas   The interview between him and the surgeon, in some dark corner of the gloomy old castle of Dunluce, where their half-whispered words would be scarcely audible amid the howl of the March winds and fretful dashing of the wild sea waves, would make no bad subject for a picture   But it is just probable that it never took place. MacDonnell may have died a natural death, Tyrone's house may have been burned by accident, yet an accomplished scoundrel like Douglas would naturally take "credit" for those fortuitous events, to enhance his services, in hopes of a more liberal reward.   The bare fact, however, of his taking credit for them plainly discloses the nature of his instructions and the objects he was employed to effect.

If Sir Arthur nourished a vindictive feeling towards the Clann-Donnell, more than to any other of the "Queen's enemies," he had an opportunity in the same year of giving it full scope.   When Randall marched with Tyrone, to relieve the Spaniards in Kinsale, Chichester took a "jorneye" into the Route, which he thus describes in a letter to Cecil, dated 22nd November, 1601

"On the seventeenth, in remembrance of the daye, I undertooke my jorneye into the Roote, marchinge by neight untyll I came thither, to avoyde discoverie, I founde Randall gone with Tyrone towardes Munster with 120 foote and 24 horse, leavinge his nephewe with the rest of his force for the garde of that countrie   But I, cominge unlooked for among them, made my entrance, almost as far as Dunluce, where I sparde nether house, corne, nor creature, and I brought from thence as much pree, of all sortes, as wee could well drive, beinge greatly hindered by the extreme snowe fallen in time of my beinge abroade   Upon my returne they keept passages and straytes upon which they fought two dayes with us, wee lost some few men horse and foote, but they a farr greater number, for I brake them severall tymes, and made them often rune, in which consyste all their saftie.   I have often sayde and writen yt is famine that must consume them, our swordes and other indevours worke not that speedie effect which is expected, for theire overthrowes are safties to the speedie runners, upon which wee kyll no multetudes."

This is one of the blackest spots on the sombre character of the Lord Deputy Chichester.

Dunluce was besieged by the Irish in 1641; but Digby, an officer for the Earl of Antrim, held out, giving shelter to some refugees, and the besiegers departed after burning the town of Dunluce   The inhabitants of the town, who were mostly Scotch settlers, were supplied with boats and safely shipped to their own land.   The buildings on the mainland were probably erected at this time to afford accommodation to the large retinue of the Earl of Antrim, who had married the Duchess of Buckingham   Shortly after this, Dunluce fell into bad repair and ceased to be occupied, the family of MacDonnell removing to Ballymagarry, a short distance away.   There is a tradition that during some festivities portion of the castle fell into the sea, so alarming the occupants that they immediately deserted the historic walls of Dunluce.

The present Earl of Antrim resides at Glenarm Castle, but he is of the Kerr family.

The writer has not hesitated to make use of *The MacDonnells of Antrim* fully and freely: most of all the information given is from that source.

at   M'Caw, Stevenson & Orr Ltd. The Linenhall Press Belfast

Milton Keynes UK
Ingram Content Group UK Ltd.
UKHW021958191023
430960UK00005B/49

9 781015 583092

LA BOULE DE NEIGE

NEIGE

Alexandre Dumas

I

Quarante degrés de chaleur à l'ombre

La voix triste et sonore du muezzin se faisait entendre, comme le chant de mort d'une splendide journée de mai qui venait de s'envoler dans l'éternité.

– Par Allah ! il fait chaud à Derbend ! Monte sur le toit, Kassime, et regarde de quelle façon le soleil se couche derrière la montagne. L'occident est-il rouge ? Y a-t-il des nuages au ciel ?

– Non, mon oncle ; l'occident est bleu comme les yeux de Kitchina ; le soleil descend dans tout son éclat ; il semble une rose de flamme sur la poitrine du soir, et le dernier regard qu'il jette sur la terre n'a pas la peine de percer le plus petit brouillard.

La nuit a déplié son éventail étoilé ; l'obscurité est venue.

– Monte sur le toit, Kassime, dit la même voix, et regarde si tu ne vois pas tomber la rosée de la corne de la lune. Ne se cache-t-elle pas dans l'arc-en-ciel nocturne, comme une perle dans sa brillante écaille ?

– Non, mon oncle ; la lune nage dans un océan d'azur ; elle verse des traits de feu dans la mer. Les toits sont secs comme les steppes du Mogan, et les scorpions s'y jouent gaiement.

– Allons, dit le vieillard avec un soupir, cela signifie qu'il fera aussi chaud demain qu'aujourd'hui. Ce qu'il y a de mieux à faire, Kassime, c'est de dormir.

Et le vieillard s'endormit en rêvant à son argent ; et sa nièce s'endormit en rêvant à la chose dont rêve une jeune fille de seize ans, à quelque nation qu'elle appartienne : à l'amour ; et la ville s'endormit en rêvant que c'était Alexandre le Grand qui avait bâti la muraille du Caucase et forgé les portes de fer de Derbend.

Si bien que, vers minuit, tout dormait.

On entendait seulement, dans ce silence universel, le cri des factionnaires qui se criaient les uns aux autres : *Slouchay* (écoute), et la mer Caspienne, qui se lamentait en venant baiser de sa lèvre humide sa rive brûlante et sablonneuse.

On eût dit les âmes des morts causant avec l'éternité, et cette probabilité était d'autant plus frappante, que rien ne ressemble à un immense cimetière comme la ville de Derbend.

Longtemps avant le lever de l'aurore, la surface de la mer semblait de flammes. Les hirondelles, éveillées avant le moullah, chantaient sur la mosquée.

Il est vrai de dire qu'elles ne le précédèrent pas de beaucoup. Le bruit de ses pas les fit envoler. Il marcha autour de la coupole en appuyant la tête sur sa main, et en criant avec des modulations qui donnaient à ses paroles l'apparence, sinon la réalité, d'un chant :

– Réveillez-vous et levez-vous, musulmans ; la prière vaut mieux que le sommeil.

Une voix répondit à sa voix ; elle disait :

– Monte sur le toit, Kassime, et regarde s'il ne descend pas un brouillard des montagnes du Lesghistan. Est-ce que la mer ne s'assombrit pas, dis ?

– Non, mon oncle ; les montagnes semblent habillées d'or pur ; la mer brille comme un miroir, le drapeau de la forteresse de Nazinkale retombe le long de sa hampe comme un voile autour de la taille d'une jeune fille. La mer est tranquille ; pas le plus petit souffle de vent ne soulève, sur la route, un grain de poussière : tout est calme sur la terre, tout est pur au ciel.

Le visage du vieil oncle s'assombrit, et, après avoir fait ses ablutions, il monta sur le toit pour dire sa prière.

Il déplia le tapis qu'il apportait sous son bras, se mit à genoux, et, quand il eut fini sa prière de mémoire, il se mit à prier de cœur.

– *Bismillahir rahmanir rahim !* cria-t-il en regardant tristement autour de lui.

Ce qui voulait dire :

– Que ma parole retentisse au nom du Dieu saint et charitable !

Puis il continua de dire en tatar ce que nous allons dire, nous, en français, au risque d'enlever à la prière de l'oncle de Kassime ce caractère imagé et poétique que lui prêtait la langue du Turkestan.

– Nuages du printemps, enfants de notre monde, pourquoi vous arrêtez-vous sur la cime des rochers ? Pourquoi vous cachez-vous dans les cavernes, pareils à des brigands lesghiens ? Vous aimez à errer dans la montagne et à dormir sur les sommets de neige ou de granit. Soit ; mais ne pourriez-vous pas vous récréer à autre chose qu'à pomper toute l'humidité de nos prairies, pour la verser dans des forêts impénétrables à l'homme, lesquelles ne laissent plus descendre dans nos vallées que des cataractes de cailloux qui semblent les os desséchés de vos victimes, capricieux enfants de l'air ? Voyez comme notre malheureuse terre ouvre des milliers de bouches. Elle brûle de soif ; elle implore un peu de pluie. Voyez comme tremblent les épis ; comme ils se brisent lorsqu'un papillon a l'imprudence de se poser sur eux ; comme ils relèvent la tête, espérant humer un peu d'humidité, et comme ils vont se heurter aux rayons de soleil qui les dévorent comme une flamme. Les puits sont secs ; les fleurs n'ont plus de parfum ; les feuilles des arbres se flétrissent et tombent ; l'herbe fume, la garance est perdue, les grillons s'enrouent, les cigales râlent, les buffles se battent pour un filet de boue, les jeunes garçons se disputent pour quelques gouttes d'eau. Mon Dieu ! mon Dieu ! qu'allons-nous devenir ? La sécheresse est la mère de la faim ; la faim est la mère de la peste ; la peste est la sœur du brigandage ! Ô vent frais des montagnes, apporte-nous sur tes ailes la bénédiction d'Allah ! Nuages, mamelles de la vie, versez sur la terre le lait du ciel. Changez-vous en orages, si vous voulez, mais rafraîchissez la terre. Foudroyez les pécheurs, si cela vous convient, mais désaltérez les innocents. Gris nuages, ailes des anges, apportez-nous la fraîcheur ; venez, accourez, volez ! dépêchez-vous, et vous serez les bienvenus.

Mais le vieux Tatar a beau prier, les nuages restent invisibles. Il fait chaud, il fait étouffant, et les habitants de Derbend sont tout prêts à chercher de la fraîcheur dans leurs fours.

Et remarquez bien que c'était au mois de mai, juste au moment où Saint-Pétersbourg entend de grands craquements du côté du nord-est, quand la glace du Lagoda, qui se brise, menace d'emporter les ponts de la Neva, quand on s'enrhume en traversant la place d'Isaac, quand on gagne des fluxions de poitrine en tournant l'angle du palais de Marbre, quand on se crie les uns aux autres de Smolnoï au quai Anglais :

– Vous sortez ?... N'oubliez pas vos pelisses !

À Saint-Pétersbourg, on pensait au printemps, qui allait peut-être venir ; à Derbend, on songeait à la moisson qu'on allait commencer.

Depuis cinq semaines, il n'était pas tombé une seule goutte d'eau dans le Daghestan du Sud, et il eût fait quarante degrés de chaleur à l'ombre, s'il y eût de l'ombre à Derbend. Le fait est qu'il faisait cinquante-deux degrés de chaleur au soleil.

C'est une chose affreuse que la sécheresse en Orient. Elle brûle les champs et prive de la nourriture tout ce qui a vie : l'oiseau dans l'air, les bestiaux dans les champs, l'homme dans les villes. Dans un pays où le transport du blé est toujours difficile, souvent impossible, la sécheresse est toujours l'avant-courrière de la faim. Un Asiatique vit au jour le jour, ne se rappelant pas la veille, ne s'inquiétant pas du lendemain. Il vit ainsi, parce que la paresse et le *farniente* sont ses plus douces jouissances ; mais, lorsqu'il n'a pas de Joseph pour lui expliquer la parabole des sept vaches maigres ; lorsque le malheur tombe tout à coup sur ses épaules sous les traits hideux de la famine, lorsque *demain* devient *aujourd'hui*, il commence à se plaindre qu'on ne lui donne pas les moyens de vivre. Au lieu de les chercher, il se fâche, et, lorsqu'il faut agir, il augmente le danger par la crainte, comme il le diminuait en n'y croyant pas.

Vous pouvez maintenant juger du trouble qu'il y avait à Derbend, ville toute tatare et, par conséquent, toute asiatique, lorsque cette chaleur sénégalienne commença de brûler les espérances des négociants et des laboureurs.

Pour dire vrai, il y avait alors dans le Daghestan plusieurs causes de crainte : on en était aux beaux jours du muride Kasi-Moullah, le père adoptif de Schamyl ; les habitants du Daghestan s'étaient révoltés, et l'on avait semé dans leurs champs plus de balles que de grains de blé ; le cheval avait piétiné la terre, au lieu de la labourer ; l'incendie avait brûlé les maisons, dont le soleil ne faisait que réchauffer les ruines ; et les montagnards, au lieu de s'occuper de faire les moissons, chevauchaient sous le drapeau de Kasi-Moullah, ou se cachaient dans les cavernes ou dans les forêts, pour échapper aux Russes, ou plutôt pour leur tomber sur le dos au moment où ils y pensaient le moins.

La conséquence de tout cela, il n'était pas difficile de la prédire : c'était la famine. Les semailles n'ayant pas été faites, la moisson manquait. Tout ce qu'avait épargné la guerre, la vaisselle d'argent, les riches armes, les beaux tapis, se vendait pour rien au bazar. On eût eu le plus beau collier de perles de Derbend pour un sac de farine.

Celui qui n'avait ni vaisselle, ni armes, ni tapis, ni perles, entamait ses troupeaux, mangeant ce qu'en avaient laissé les amis et les ennemis, c'est-à-dire les Russes et les montagnards. Les pauvres commençaient à descendre des montagnes et à demander l'aumône dans la ville, en attendant qu'ils prissent au lieu de demander.

Enfin, des vaisseaux chargés de farine étaient arrivés d'Astrakhan. De gré ou de force, les riches avaient aidé aux pauvres ; le peuple s'était calmé pour un temps.

La nouvelle récolte pouvait encore tout arranger.

La fête du Khatil était venue, et les habitants de Derbend l'avaient célébrée.

Le Khatil est un souvenir religieux du sort de Schah-Hussein, le premier calife, martyr de la secte d'Ali. Ils s'étaient réjouis pendant le temps qu'il avait duré, avec cette gaieté enfantine des Orientaux.

Grâce à cette fête, la seule distraction du peuple pendant toute l'année, ils avaient oublié peu à peu la récolte et la chaleur, ou plutôt ils n'avaient rien oublié, non : ils avaient tout simplement remercié le ciel que la pluie ne s'opposait point à leurs plaisirs. Mais, lorsque la fête fut finie, qu'ils se retrouvèrent en face de la réalité, qu'ils se réveillèrent la bouche desséchée, qu'ils virent leurs champs rôtis par le soleil, ils perdirent la tête.

Il était curieux alors de voir se remuer les barbes rouges et les barbes noires ; il était curieux d'entendre le bruit que faisaient les chapelets en roulant entre les doigts.

Toutes les figures s'allongèrent, et l'on n'entendit plus que des murmures.

Ce n'était pas chose gaie, en effet, que de perdre une récolte et de payer sa farine deux roubles la mesure, sans savoir ce qu'on la payerait plus tard.

Les pauvres tremblaient pour leur vie, les riches pour leur bourse. Les estomacs et les poches se serraient à cette seule pensée.

Ce fut alors que les musulmans se mirent à prier dans la mosquée.

La pluie ne vint pas.

Ils prièrent aux champs, pensant qu'en plein air ils avaient deux chances pour une : celle d'être vus et celle d'être entendus.

Il ne tomba pas une goutte d'eau.

Que faire ?

Ils eurent recours à leurs mages.

D'abord, les garçons étendirent leurs mouchoirs au milieu des rues et recueillirent les pièces de monnaie que l'on y jeta. En achetant des cierges et de l'eau de rose, puis en attachant des branches d'arbre au corps du plus beau garçon et en l'ornant de fleurs et en le couvrant de rubans, ils marchèrent avec lui processionnellement dans les rues, en chantant des vers à Goudoul, le dieu de la pluie.

L'hymne se terminait par une strophe de remerciements. On ne doutait pas que Goudoul ne se rendît à la prière de ses adorateurs.

Aussi, pendant trois jours, les jeunes garçons crièrent-ils à tue-tête ce remerciement que nous traduisons, sans avoir la prétention de rendre, sinon bien faiblement, la poésie arabe :

Goudoul, Goudoul, dieu de la pluie,

La sécheresse s'est enfuie ;

L'eau descend du ciel à ta voix.

Allons, la belle, à la fontaine !

Et rapporte ta jarre pleine,

Dusses-tu plier sous le poids.

Et toute la jeunesse de Derbend dansait autour du Tatar enrubanné et couronné de fleurs, si certaine d'avoir de la pluie, que, comme on le voit, on envoyait d'avance les jeunes filles à la fontaine.

Et, en effet, les nuages s'amassèrent au ciel ; le soleil s'assombrit, comme un avare obligé de rendre l'argent qu'on lui a confié. La ville prit cette teinte de tristesse que donne à la terre un temps gris.

Mais plus le ciel s'attristait, plus les habitants étaient joyeux.

Quelques gouttes d'eau tombèrent.

Ils crièrent de toutes leurs forces :

– *Sekour Allah !*

Mais leur joie ne fut pas longue : le vent souffla du côté de la Perse, aussi chaud que s'il sortait d'une fournaise et emportant avec lui jusqu'au dernier petit nuage, qui s'en alla tomber en neige à Saint-Pétersbourg. Le soleil brilla plus ardent ; les épis craquèrent au soleil ; les fleurs courbèrent leur tête, et les fidèles les plus fidèles commencèrent à douter, non pas de la puissance de Mahomet, mais de celle de Goudoul.

Un nouveau jour se leva : le soleil suivit sa route enflammée, puis s'alla coucher derrière la montagne, comme fait au désert un voyageur fatigué dans les sables brûlants.

C'était pendant cette journée et pendant la matinée qui la suivit qu'avaient eu lieu entre la belle Kassime et son oncle les deux dialogues qui ouvrent ce chapitre.

Le vieux Tatar avait alors adressé aux nuages la prière que nous avons essayé de traduire. Mais, malgré la ferveur de cette prière, la journée, comme la précédente, passa sans une goutte de pluie.

Ce fut alors que le commandant de Derbend constata qu'à l'ombre, le thermomètre marquait quarante-deux degrés, et cinquante-deux au soleil !

II

Un saint musulman

Oh ! quand vous passerez à Derbend, voyageur, de quelque pays que vous soyez ; que vous arriviez du Midi, du Nord, de l'Orient ou de l'Occident, allez, je vous en supplie, voir la principale mosquée.

Sans cela, comme disent les catholiques, vous aurez été à Rome sans voir le pape.

Qu'auriez-vous à raconter sur Derbend, je vous le demande, si vous n'aviez pas vu la grande mosquée ?

Tandis que, si vous l'avez vue, alors c'est autre chose.

– La grande mosquée, direz-vous en faisant craquer votre tabatière, si vous êtes un savant, ou en secouant la cendre de votre cigare, si vous êtes tout simplement un fumeur, la grande mosquée, direz-vous, était autrefois une église chrétienne...

Continuez hardiment, je prends tout sur moi.

– C'est une église, ou plutôt c'était une église chrétienne, parce que sa face est tournée vers l'Orient, tandis que les mosquées musulmanes de l'Orient du Nord doivent être tournées vers le sud-est, comme on dit en termes de marine, pour regarder les deux villes saintes : la Mecque, où le prophète est né ; Médine, ou il est enterré.

Cela vous donne tout d'abord un petit air de science qui fait bien. Continuez.

– Vous découvrez, en entrant, une grande cour ombragée par de magnifiques platanes avec un puits au milieu. Trois portes, toujours ouvertes, appellent, symboliquement et matériellement, les musulmans à la prière.

Un verset du Coran attire les yeux au-dessus de la porte principale. Entrez : seulement, en entrant, hors des pieds les babouches ; hors de l'esprit, les souvenirs de la terre. N'apportez dans la maison d'Allah ni la boue de la rue, ni celle de la pensée. Mettez-vous à genoux et adressez-lui votre prière. Ne comptez pas vos revenus, mais comptez vos péchés. *La illah il Allah ! Mohammed rassoul Allah !* C'est-à-dire : « Il n'y a d'autre Dieu que Dieu, et Mahomet est son prophète. »

Là-dessus, vous toussez et vous faites une pause : cela en vaut bien la peine. Vous avez l'air de savoir le turc.

Vous reprenez :

– Les musulmans font lentement leurs prières, restent à genoux ou se couchent sur le tapis, selon qu'ils passent de l'adoration à l'extase, et rien alors, surtout dans ce dernier cas, ne peut attirer leur attention.

Alors votre souvenir de narrateur se reporte vers les temps passés, et vous vous écriez :

– Où êtes-vous, chrétiens constructeurs de ce temple ? Se souvient-on encore de vous autre part qu'au ciel ? Vous êtes oubliés, même dans l'histoire de Derbend, et les vers du Coran retentissent aujourd'hui, là où retentissaient autrefois les hymnes du roi prophète.

Et, maintenant que vous avez fait votre récit ; maintenant que vous avez acquis vos droits à être membre correspondant de la section des inscriptions et belles-lettres de l'Académie française, la plus savante, comme on sait, de toutes les académies, je reprends le fil de mon histoire, car ceci, remarquez-le bien, est une histoire véritable.

Je reprends donc, comme je le disais, le fil de mon histoire.

La cour de la mosquée est, chez les musulmans de tous les pays, et particulièrement chez les musulmans du Daghestan, le lieu de réunion habituel. C'est là que les marchands viennent causer de leurs affaires commerciales, et les chefs tatars de leurs affaires politiques. Les premiers n'ont qu'un but, c'est de tromper leurs clients ; les seconds qu'un espoir, de s'affranchir de leur maître. Les uns ont fait à Allah le serment d'être honnêtes ; les autres ont juré à l'empereur d'être fidèles. Mais, en Asie, chose singulière et qui étonnera bien nos fonctionnaires publics, nos juges, nos sénateurs, etc., le serment est regardé comme une simple formalité sans conséquence et qui n'engage pas.

Est-ce que, par hasard, les Asiatiques, que nous croyons en arrière de nous en matière de civilisation, seraient, au contraire, en avance ?

Ce serait fort humiliant, et, dans ce cas, il faudrait nous hâter de les rattraper.

Vous comprenez bien qu'à cette époque d'effroyable chaleur que nous avons essayé de peindre, la cour de la mosquée, le seul endroit où il y eût des arbres, par conséquent de l'ombre, par conséquent quarante degrés de chaleur seulement, – était pleine de monde. Les effendis à la barbe blanche, les muftis à la barbe rouge, parlaient au milieu de cercles plus ou moins étendus, selon qu'ils étaient plus ou moins éloquents ; mais la science des uns et la sainteté des autres ne faisaient pas suer au ciel la plus petite goutte d'eau, et les barbes, de toutes les longueurs comme de toutes les couleurs, étaient impuissantes même à inventer un équivalent. On parlait beaucoup, on discutait encore davantage ; mais, enfin, discours et discussions se terminèrent par ce mot :

– *Nedgeleikh* (que ferons-nous donc) ?

Les épaules se soulevèrent jusqu'aux oreilles, les sourcils jusqu'aux papaks ; les rumeurs diverses se réunirent dans un seul cri :

– *Amani ! amani !* (Sauve-nous ! sauve-nous !)

Enfin, un prince prit la parole.

Il était non seulement prince, mais encore saint : deux choses qui se sont vues autrefois en Russie et en France, mais qui ne se voient plus aujourd'hui qu'en Orient.

Il est vrai que sa sainteté, comme sa principauté, lui venait par héritage ; il était parent au soixante-deuxième degré de Mahomet, et tous les parents de Mahomet, à quelque degré que ce soit, sont, comme on le sait, des saints. Il chauffa son éloquence à la fumée du kabam, et sa parole d'or se fit jour à travers la fumée du tabac turc.

– *Amani ! amani !* criez-vous à Allah, et vous croyez qu'Allah sera assez niais de vous pardonner pour ce seul mot et de croire ainsi à votre repentir, sans autre preuve ? Non ! on ne baise pas le Coran, les lèvres encore grasses de chair de porc ; non, vous ne trompez pas Dieu avec vos flatteries et vos voix plaintives. Ce n'est pas un gouverneur russe ; il vous connaît depuis longtemps. Vos cœurs sont couverts de plus de souillures que le livre où l'ange Djebrael écrit les fautes des hommes n'est couvert de péchés ! Ne pensez pas laver, du jour au lendemain, vos cœurs par la prière et le jeûne. Dieu voit votre reflet pendant le jour dans le soleil, et la nuit dans les étoiles ; il connaît chaque pensée de votre esprit, chaque battement de votre cœur ; il sait que vous entrez dans les pharmacies et que, sous prétexte d'acheter du baume, vous vous faites servir de l'eau-de-vie avec une fausse étiquette. Mais ce n'est pas Dieu que l'on trompe par de pareils moyens. La parole de Mahomet est positive : « Qui a bu dans ce monde le vin de la vigne, ne boira pas dans l'autre le vin des jouissances. » Non ! vous n'aurez pas de pluie pour vos moissons, attendu que vous avez tari la source des eaux du ciel, en épuisant la patience du Seigneur ! Allah est grand, et vous êtes, vous-mêmes, la cause de votre misère !

L'orateur se tut, leva les yeux au ciel, serra sa barbe rouge dans sa main, et, dans cette pose, il ressemblait à Jupiter prêt à laisser échapper de sa main toute-puissante un faisceau d'éclairs.

Et il faut dire la vérité, c'était un savant très distingué que Mir Hadji Festahli Ismaël Ogli. Dès qu'il avait commencé à parler, c'était comme si l'on eut entendu murmurer un ruisseau ou chanter un rossignol. Chacune de ses paroles faisait aux assistants l'effet d'une pastille fondante, et il n'y avait pas, dans tout le Daghestan, un seul effendi qui comprît la moitié de ce qu'il disait. L'interprète du commandant de Derbend lui-même, Mirza Aly, qui avait avalé, digéré et rendu commentés tous les poètes du Farzistan, après avoir parlé longuement avec lui pendant plus de deux heures, avait fini par dire :

– Je n'y peux rien.

Ce qui, en langue tatare, correspond à cette locution russe, que je crois en même temps quelque peu française : « Je donne ma langue aux chiens. »

Cette fois, notre orateur s'était donné la peine d'être clair, de sorte qu'il avait été compris par tout le monde, comme il convenait dans une conjoncture de cette importance : aussi son discours avait-il fait le plus grand effet. On l'entoura avec un respect mêlé de crainte, et l'on entendait de tous côtés murmurer ces mots : « Il a raison, il a dit la vérité » ; et chacun, comme l'abeille, le régalait du miel de ses louanges.

Alors, s'adressant de nouveau à ses auditeurs avec la confiance que lui donnait un premier succès :

– Écoutez, frères, dit-il, nous sommes tous coupables aux yeux d'Allah, et moi tout le premier : nos fautes ont monté jusqu'au troisième ciel ; mais, heureusement, il y en a sept, et il nous en reste quatre, où s'est réfugiée la miséricorde de Dieu. Il punit les innocents avec les coupables ; mais aussi, parfois, pour un seul saint, il sauve tout un peuple. Eh bien, je vais vous proposer un choix. L'accepterez-vous, je n'en sais rien ; en tout cas, le voici. – Ce n'est pas la première fois que le Daghestan demande de l'eau ; eh bien, nos pères et nos grands-pères, qui étaient plus sages que nous, avaient coutume, en pareille circonstance, de choisir dans la jeunesse musulmane un garçon pur d'âme et de corps, et ils l'envoyaient, avec la prière et la bénédiction de tous, sur le sommet de la montagne la plus rapprochée d'Allah, par exemple, à la cime du mont Chakh-Dague. Là, il devait prier avec ferveur, comme un homme qui prie pour tout un peuple, prendre de la neige immaculée de la montagne, en faire une boule de la grosseur de sa tête, l'enfermer dans un vase, puis, sans qu'elle touchât la terre, l'apporter à Derbend. Enfin, à Derbend, il devait verser cette neige fondue dans la mer. Dieu est grand ! À peine l'eau de la neige du Chakh-Dague s'était-elle mêlée à l'eau de la mer Caspienne, que les nuages s'amassaient au-dessus de l'endroit où le mélange s'était opéré, et que la pluie, tombant à verse, rendait la vie à la terre desséchée.

– C'est vrai, c'est vrai ! crièrent toutes les voix.

– Je l'ai entendu dire à mon père, disait l'un.

– Moi, à mon grand-père, disait l'autre.

– Et moi, je l'ai vu, dit en s'approchant un vieillard à la barbe blanche, dont l'extrémité seule était teinte en rouge.

On s'écarta et l'on écouta.

– C'était mon frère, continua le vieillard, qui était allé chercher la boule de neige ; le miracle se fit : l'eau de la mer Caspienne devint douce comme du lait ; les gouttes de pluie étaient de la largeur d'un rouble d'argent ; jamais, de mémoire d'homme, il n'y eut si belle récolte que cette année-là.

Le vieillard se tut.

Alors il n'y eut qu'un cri :

– Il faut choisir le messager, le choisir à l'instant même, l'envoyer au Chakh-Dague, sans perdre une minute.

– Au Chakh-Dague ! au Chakh-Dague ! crièrent toutes les voix.

Comme une traînée de poudre, le mot gagna la ville, et tout Derbend cria d'une seule voix, comme un écho de la mosquée :

– Au Chakh-Dague ! au Chakh-Dague !

Le mot de la grande énigme était donc découvert ; on savait donc enfin le moyen d'avoir sûrement de la pluie. Tout le monde bondissait de contentement et hurlait de joie.

Les riches surtout paraissaient enchantés que l'on eût trouvé un moyen qui ne coûtait pas un kopeck.

Il n'y a rien de tel que les riches pour apprécier les moyens économiques.

La jeunesse disait avec fierté :

– On choisira parmi nous ; c'est de l'un de nous que dépend le sort du Daghestan.

Mais où trouver ce jeune homme pur d'âme et de corps ? Chez tous les peuples, c'est difficile ; mais chez les Asiatiques !...

En y réfléchissant, les habitants de Derbend furent fort embarrassés, et l'effervescence de la première joie se calma.

Où trouver, en effet, cet innocent jeune homme qui ne connut encore ni la saveur du vin ni la douceur du baiser ?

On se mit à causer sérieusement de la chose ; à désigner celui-ci, puis celui-là ; mais l'un était trop jeune, l'autre trop expérimenté. Le premier n'avait pas encore de moustaches, le second en avait de trop longues. C'était une terrible affaire à mener à bien.

Ce que nous disons là n'est pas tout à fait à l'honneur des habitants de Derbend ; mais, je le répète, c'est une histoire que j'écris : la vérité donc avant tout.

Si c'était un roman ! ah ! pardieu ! mon héros serait déjà trouvé.

– Il faut prendre Sopharkouli, disaient les uns ; il est timide comme une jeune fille !

Si timide, qu'ayant eu peur on ne sait de quoi, on l'avait vu, trois jours auparavant, sauter, au point du jour, de la terrasse de sa voisine dans la rue, rentrer immédiatement chez lui et fermer sa porte à double tour.

– Ou Mourad-Annet : il vit tranquille et solitaire comme un lis !

Mais on affirma qu'il n'y avait pas un mois qu'à la suite d'une visite chez le pharmacien, après être rentré chez lui, tenant une bouteille de baume de chaque main, le lis immaculé avait chanté des chansons que les diables eux-mêmes en eussent mis les mains sur leurs oreilles.

Il y avait bien encore Mohammed-Rassoul ; certes, de celui-là on ne pouvait pas dire de mal ; seulement, on pouvait en penser. Il avait dans sa maison une charmante Lesghienne qu'il avait achetée chez son père ; il ne l'avait payée que vingt-neuf roubles, et, depuis, il en avait refusé cent. Il était homme après tout : le sabre qui est d'acier prend lui-même quelquefois la rouille.

On cherchait inutilement : on parlait trop de celui-ci ; celui-là parlait trop de lui.

La mélancolie commençait à s'emparer des habitants de Derbend, et, dans ces sortes de circonstances, de la mélancolie au désespoir, il n'y a qu'un pas.

– Et Iskander-Beg ? dit une voix dans la foule.

– Iskander-Beg, c'est vrai ! Très bien ! Iskander-Beg ! parfait ! Comment avions-nous oublié Iskander-Beg ? C'est incroyable ! c'est incompréhensible ! Autant oublier une rose dans un bouquet, une grenade dans un plat de fruits ! Allah ! Allah ! c'est la chaleur qui avait desséché notre cerveau !

– Eh bien, dit une voix, grâce à Allah, nous avons trouvé notre homme ! Appelez Iskander-Beg.

– Appelons Iskander-Beg ! s'écria la foule.

– Iskander-Beg ! Iskander-Beg, holà ! Iskander-Beg, holà !

– Mais c'est qu'en vérité nous sommes sauvés, disait-on de tous côtés. Ce cher Iskander-Beg ! cet honnête Iskander-Beg ! ce brave Iskander-Beg ! Mais c'est qu'il mange à peine ! c'est qu'il ne boit pas ! Il n'est pas en amitié avec les giaours. On ne se souvient pas de l'avoir jamais rencontré au jardin. Qui l'a vu regarder une femme ? Est-ce vous ?

– Non.

– Et vous ?

– Ni moi non plus. Il vit seul comme la lune.

– Eh bien, mais courez donc chez Iskander-Beg ! crièrent plusieurs voix.

– Mais c'est qu'on ne va pas chez Iskander-Beg comme cela.

– Pourquoi ?

– Parce qu'il est tellement sérieux, qu'on ne sait comment l'approcher ; tellement fier, qu'on ne lui parle que pour lui répondre ; tellement silencieux, qu'on dirait que chaque parole lui coûte un rouble. Qui de vous l'a jamais vu rire, hein ?

– Pas moi.

– Pas moi.

– Pas moi. Il faut y regarder à deux fois pour aller chez lui.

– Il n'y a qu'un homme qui puisse courir ce risque, dit une voix.

Et toutes les voix répondirent :

– Cet homme, c'est Mir Hadji Festahli Ismaël Ogli.

Il était bien juste que celui qui avait donné le conseil achevât ce qu'il avait commencé.

– Va, Hadji Festahli, va, crièrent les assistants, prie Iskander au nom de nous tous. Obtiens cela de lui ; cela ne te sera pas difficile, tu es si éloquent !

Hadji Festahli n'était pas fou de l'honneur qu'on lui faisait ; mais, à la fin, il consentit à se charger de la commission. On lui donna deux begs pour l'accompagner : le gros Hussein et le maigre Ferzali.

La députation partit.

– Ah ! dit la foule, tout va bien.

– Moi, je suis tranquille maintenant, dit une voix, c'est comme si Iskander avait accepté.

– Si Festahli veut, il est certain qu'il réussira, dit une autre voix.

– Il obtiendrait la moitié de la barbe d'un pauvre.

– Il est plus rusé que le diable.

– Un homme bien respectable !

– Il a tant d'esprit !

– Il ferait danser un serpent sur la queue.

– Et quelle éloquence ! quand il parle, ce ne sont pas des paroles qui tombent de sa bouche...

– Ce sont des fleurs !

– On n'a pas même le temps de les ramasser avec les oreilles.

– Il vous tromperait, qu'il vous ferait condamner pour avoir été trompé par lui.

– Seulement, ce n'est pas lui que l'on aurait pu envoyer chercher la boule de neige.

– Il n'est pas assez chaste pour cela.

– Ni assez sobre.

– Ni assez brave.

– Ni assez...

Que l'on nous permette de nous arrêter là des éloges de Mir Hadji Festahli. Nous ne sommes pas de ceux qui, après avoir lavé les yeux d'un homme avec de l'eau de rose – comme disent les Tatars – lui donnent, pendant qu'il se les essuie, un scorpion à manger pour une cerise, ou une fleur d'aconit à respirer pour une branche de jasmin.

III

Iskander-Beg

Le respectable Hadji Festahli marchait lentement en gravissant cet escalier de rues qui conduit à la partie haute de la ville, où était située la maison d'Iskander-Beg. De temps en temps, il était forcé de passer par des rues tellement étroites, que ses deux honorables compagnons, Hussein et Ferzali, qui, dans les rues où l'on pouvait passer trois de front, marchaient à ses côtés, étaient alors obligés de se retirer et de marcher à sa suite sur une seule ligne, humiliation à laquelle ils s'empressaient de se soustraire quand la rue devenait praticable pour trois personnes de front. Parfois l'un ou l'autre essayait de lier conversation avec le hadji ; mais celui-ci était tellement préoccupé, qu'il n'entendait pas, ne répondait pas ; et il était même si distrait, qu'il ne remarquait pas qu'en crachant à droite et à gauche, il crachait tantôt sur la barbe noire de Hussein, tantôt sur la barbe rouge de Ferzali.

La distraction alla si loin, que les deux compagnons commencèrent de se fâcher.

– Voilà un singulier homme ! dit Hussein ; on lui parle, et, au lieu de répondre, il crache.

– Que la boue lui entre dans la gorge ! s'écria Ferzali en essuyant sa barbe. Le proverbe dit vrai, Hussein : « Si le maître est à la maison, il suffit de le nommer, et on vous ouvre la porte ; mais, s'il n'y est pas, vous n'obtiendrez rien, même en la brisant. » Inutile de parler davantage à Mir Hadji Festahli : son esprit est ailleurs, la maison est vide.

Ferzali *à la barbe rose,* comme on l'appelait à Derbend, parce que, au lieu d'employer les substances en usage chez les Tatars pour se teindre la barbe, – substance dont la première commence à teindre la barbe en rose, et la seconde achève de la teindre en noir, – Ferzali, qui ne se servait que de la première et qui, par conséquent, conservait sa barbe de la couleur de l'aurore au moment même où elle apparaît à l'horizon, Ferzali se trompait : la maison n'était pas vide ; elle était, au contraire, si pleine de ses propres pensées, et ses pensées, en s'y heurtant, faisaient un tel bruit, que, ne pouvant entendre même la voix de son propre esprit, Hadji Festahli ne pouvait entendre la voix des autres.

Voici ce que ses pensées lui criaient : « Prends garde, Festahli ! chaque pas que tu fais du côté de la demeure d'Iskander te rapproche d'un danger. Rappelle-toi combien gravement tu l'as offensé. Prends garde, Hadji Festahli, prends garde ! »

Que s'était-il donc passé entre Hadji Festahli et Iskander-Beg ?

Nous allons le dire :

Iskander était né à Derbend, lorsque la ville était en possession des Russes : cette possession date de 1795 ; mais son père avait été l'ami intime du dernier khan, qui avait été chassé de ses États par l'armée de Catherine. En 1826, il était mort de chagrin de ce que les Persans, qu'il attendait à Derbend, avaient été chassés de Kouba, jusqu'où il s'étaient avancés ; mais, en mourant, il avait recommandé à son fils, alors âgé de quinze ans, de ne jamais servir les Russes et de ne jamais faire amitié avec les habitants de Derbend, qui avaient chassé les Persans.

Il était mort ; mais ses croyances, ses habitudes, ses opinions, tout revivait en son fils, et ses idées, ses pensées, ses désirs, étaient tout l'opposé des désirs, des pensées et des idées des habitants de Derbend. Une poignée de riz, un verre d'eau, un peu de lumière, beaucoup d'air, voilà tout ce dont avait besoin le jeune Iskander-Beg.

Au printemps, lorsque le monde entier se réveillait au souffle de l'amour et de la poésie, lui scellait son bon cheval du Karabach, jetait sur son épaule son beau fusil de Hadji-Moustaff, le plus célèbre armurier du Daghestan, prenait sur son pouce son hardi faucon doré, et, par les montagnes et les vallées, chassait le faisan jusqu'à ce qu'il tombât de fatigue, si toutefois il peut y avoir fatigue à l'assouvissement d'une passion. Alors il se jetait à bas de son cheval, qu'il laissait errer en liberté, se couchait à l'ombre d'un grand arbre, au bord d'un ruisseau, et dormait tranquille à son murmure. Si cette douce harmonie le faisait rêver ; si ses rêves étaient des réalités ; s'il était poète ou philosophe, rêveur ou raisonneur, je n'en sais rien. Ce que je sais, c'est qu'il vivait en se sentant vivre ; que voulez-vous de plus ?

Pendant l'hiver, lorsque la neige, chassée par le vent, battait ses fenêtres, il aimait à entendre les hurlements du vent s'engouffrant dans sa cheminée ; couché sur son tapis, il suivait le jeu de la braise de son foyer, ou les ondulations de la fumée de sa pipe. Voyait-il dans la braise de son foyer la figure du diable ? voyait-il dans la fumée de sa pipe les ailes des anges ? Il le disait, lui. Le fait est qu'il vivait dans un royaume sans nom, et, dans ce royaume dont il était le maître, il remuait des boisseaux d'émeraudes, de perles et de diamants ; enlevait des femmes près desquelles les houris vertes, jaunes et bleues promises par Mahomet aux vrais croyants, n'étaient que des Kalmoukes ou des Samoyèdes ; se jetait dans des dangers fantastiques ; combattait des gnomes, des géants, des enchanteurs ; s'endormait au milieu des fantômes de sa fantaisie et se réveillait le matin, confondant tellement l'idéal avec la matière, qu'il ne savait s'il avait vécu ou simplement rêvé.

Parfois aussi, il appelait son nouker, un Lesghien, et le faisait chanter. Le Lesghien lui chantait la liberté de ses frères dans leurs montagnes, leur courage dans le combat ou dans la chasse ; et alors le cœur asiatique d'Iskander se gonflait. Il prenait son poignard, en essuyait la pointe ; sa schaska, en aiguisait le tranchant, et murmurait :

– Ne me battrai-je donc jamais ?

Ce désir ne tarda point à se réaliser : Kasi-Moullah vint assiéger Derbend. C'était une belle occasion pour les braves d'essayer leurs forces.

Iskander-Beg ne la laissa point échapper.

Il faisait des sorties avec les Tatars, monté sur son bon cheval du Karabach, qui ne connaissait ni rochers ni abîmes. Aussi était-il toujours en avant le premier. Le rejoindre, oui, cela se pouvait encore ; mais le dépasser, non. Il ne courait pas, il volait comme l'aigle, envoyant la mort de loin avec son fusil d'abord, puis, jetant son fusil désarmé sur son épaule et se précipitant sur l'ennemi, le kandjar levé, avec des cris sauvages.

Un jour, on venait de se battre du côté de Kouba, et, après avoir délogé les Russes d'un champ de vigne, les Tatars, malgré leur succès, se mirent en désordre, selon la coutume asiatique, avec deux têtes coupées et ajustées à un drapeau pris à l'ennemi ; les troupes russes étaient déjà rentrées dans la ville ; mais un jeune officier russe et quelques Tatars, au nombre desquels se trouvait Iskander-Beg, étaient restés près de la fontaine. Les boulets et les balles sifflaient autour d'eux ; l'officier russe buvait à même l'eau limpide et claire. En relevant la tête, il vit devant lui Iskander-Beg en simple becmett de satin blanc ; ses manches, relevées, laissaient voir ses mains et ses bras rouges de sang jusqu'aux coudes.

Il était appuyé sur son fusil, les lèvres retroussées de mépris, les yeux mouillés d'une larme, splendide de colère enfin.

– Qu'as-tu donc, Iskander ? lui demanda l'officier russe. Il me semble que tu as bien fait ta part de besogne et que tu n'as pas de regrets à avoir.

– Cœurs de lièvres ! murmura-t-il. Ils marchent doucement quand il s'agit d'aller en avant ; mais, à la retraite, ce sont des chèvres sauvages.

– Eh bien, mais, dit le jeune Russe, il me semble que la journée est à nous.

– Sans doute, elle est à nous ; mais nous y avons laissé le pauvre Ismaël.

– Ismaël ? demanda l'officier russe. N'est-ce pas le bel enfant qui m'est venu prier de lui donner des cartouches, au commencement du combat ?

– Oui ; de tout Derbend, c'était le seul que j'aimasse. Un cœur d'ange... Il est perdu !

Et il essuya une larme unique qui tremblait à sa paupière et qui semblait ne pouvoir pas se décider à tomber.

– Il est pris ? demanda l'officier russe.

– Il est mort ! répondit Iskander. Plus brave qu'un homme, il avait toute l'imprudence d'un enfant. Il voulait cueillir une grappe de raisin et il a franchi l'espace qui le séparait des vignes. Il y a perdu la tête. Devant mes yeux, les Lesghiens lui ont coupé le cou. Je ne pus le secourir, j'avais affaire à dix hommes : j'en ai tué trois, c'est tout ce que j'ai pu faire. En ce moment, on s'est retiré. Ils insultent son corps, les misérables !... Voyons, s'écria-t-il en se tournant vers trois ou quatre Tatars qui l'écoutaient, lequel de vous a encore de l'amour, de la foi, du courage dans l'âme ? Celui-là reviendra avec moi pour sauver le corps d'un camarade.

– Moi, dit l'officier russe, j'irai avec toi.

– Allons ! dirent aussi deux Tatars.

Et ils se rejetèrent tous les quatre au milieu des Lesghiens, qui, ne s'attendant pas à cette attaque subite, et croyant que ces quatre hommes étaient suivis d'un plus grand nombre, se retirèrent devant eux, et ils parvinrent jusqu'au corps de l'enfant, le reprirent et le rapportèrent vers la ville.

À la porte, la mère attendait. Elle se jeta sur ce cadavre décapité, avec des cris, des pleurs, des sanglots à briser l'âme.

Iskander la regardait, les sourcils froncés ; et ce n'était plus une seule larme qui tremblait isolée à sa paupière, c'étaient des pleurs pressés comme l'eau d'une source, qui inondaient son visage.

Le désespoir d'une mère faisait fondre ce cœur de lion.

– Quel malheur que tu ne sois pas russe ! lui dit l'officier en lui tendant la main.

– Quel bonheur que tu ne sois pas tatar ! répondit Iskander en lui serrant la main.

Il y a une chose connue : c'est que les moustaches, qui sont le signe de la puberté, sont en même temps l'avant-garde de l'amour.

Iskander n'avait point échappé à la loi générale. Chaque poil de sa moustache était né sur sa lèvre, en même temps qu'un désir naissait dans son cœur. Désirs encore vagues, inexplicables à lui-même, mais pareils aux branches d'oranger qui portent sur le même rameau et la fleur et les fruits. Pourquoi les femmes aiment-elles tant les moustaches ? C'est que, symbole de l'amour, elles sont nées aux mêmes sources que lui et frisent à l'ardeur des désirs. Que demande, le nez au vent, le jeune homme à l'œil humide, au visage souriant, à la lèvre rose sous la moustache naissante ? Ce n'est ni les honneurs ni la fortune : c'est tout simplement un baiser.

Une moustache vierge, c'est un pont jeté entre deux bouches amoureuses ; une moustache...

Laissons là les moustaches, elles nous conduiraient trop loin ; et puis pourquoi, avec des moustaches grises, parler des moustaches noires ou blondes !

D'ailleurs, les moustaches, de quelque couleur qu'elles soient, m'éloignent de mon sujet.

J'y reviens donc.

Au mois d'avril précédent, Iskander était, selon son habitude, parti pour la chasse. La journée était belle : c'était une vraie fête du printemps : il faisait chaud sans soleil, frais sans humidité. Iskander nageait au milieu d'un océan de verdure et de fleurs. Déjà, depuis plusieurs heures, il allait de caverne en caverne et de montagne en montagne ; il cherchait quelque chose qui lui manquait, sans savoir ce qu'il cherchait. Pour la première fois, l'air lui semblait lourd à respirer ; pour la première fois, le cœur lui battait sans cause ; sa poitrine, inquiète, se soulevait comme le voile d'une femme.

Et, à propos de voiles, notons un fait.

Quand autrefois Iskander passait dans les rues de Derbend, il n'eût pas jeté les yeux sur celui d'une femme, eût-elle été découverte jusqu'à la ceinture ; tandis qu'au contraire, du jour où il avait pu rouler entre ses doigts l'extrémité de sa petite moustache noire, chaque bout de nez, chaque lèvre rose, chaque œil brun ou bleu qu'il entrevoyait à travers l'ouverture d'un voile, le glaçait et le brûlait tout à la fois. À coup sûr, il n'avait jamais étudié l'anatomie ; eh bien, malgré son ignorance, il pouvait se représenter une femme du bout de sa pantoufle au sommet de son voile, non seulement sans erreur, mais même sans omission, et cela rien qu'en voyant un petit pied chaussé de soie, se montrant dans une pantoufle de velours, au-dessous d'un pantalon de kanaos, garni d'un galon d'or ou d'argent.

Je ne vous dirai pas si, cette fois, la chasse fut heureuse : ce que je vous dirai seulement, c'est que le chasseur était fort distrait ; si distrait, qu'au lieu de chercher les endroits solitaires où se tiennent d'habitude les faisans et les perdrix, il dirigea son cheval vers deux ou trois *aouls* où il n'avait absolument rien à faire.

Mais la journée était belle, et, soit debout à leurs portes, soit assis sur leurs toits, il espérait entrevoir quelqu'un de ces jolis petits animaux contemporains qu'il reconstruisait avec autant de précision que le savant Cuvier reconstruisait un mastodonte, un ichtyosaure, un ptérodactyle ou tout autre monstre antédiluvien.

Malheureusement, il lui fallut s'en rapporter aux spécimens déjà connus. Les femmes étaient à leurs portes, les femmes étaient sur leurs terrasses ; mais les musulmanes, qui écartent parfois leurs voiles pour les giaours, ne les écartent jamais pour leurs compatriotes. Il en résulta que les désirs d'Iskander-Beg, ne trouvant pas un visage où se fixer, se dispersèrent au vent.

Le jeune homme s'attrista, poussa un profond soupir, jeta la bride sur le cou de son cheval et laissa celui-ci maître de le conduire où il voudrait.

C'est ce que devraient toujours faire les voyageurs et les amoureux quand ils ont un cheval intelligent.

Le cheval connaissait un chemin charmant, qui ramenait à la maison ; sur ce chemin, était une source formant bassin sous de hauts platanes, où il avait l'habitude de se désaltérer : il prit ce chemin.

Iskander-Beg ne fit pas même attention au chemin que prenait son cheval.

Peu lui importait, il marchait dans son rêve.

Et, en même temps, aux deux côtés de la route, marchaient toute sorte de visions : c'étaient des femmes qui, toutes, avaient un voile, c'est vrai, mais dont les voiles étaient mis si négligemment, qu'il n'y avait pas un de ces voiles qui ne laissât voir une chose qu'il eût dû cacher.

Tout à coup, Iskander arrêta son cheval : il lui semblait passer de la vision à la réalité.

Au bord de la fontaine, était cachée une jeune fille de quinze à seize ans, belle comme il ne s'était jamais représenté qu'une femme pût être belle. Elle rafraîchissait dans l'eau pure son beau visage que le soleil d'avril avait coloré comme une rose ; puis elle se regardait dans le miroir mouvant, se souriait et prenait tant de plaisir à se voir sourire, qu'elle ne voyait rien autre chose, n'écoutant et n'entendant que les oiseaux qui chantaient au-dessus de sa tête et qui semblaient lui dire : « Mire-toi dans la fontaine, belle enfant ! Jamais fleur aussi fraîche que toi ne s'y était encore mirée ; jamais fleur aussi fraîche que toi ne s'y mirera après toi ! »

Ils lui disaient sans doute cela en vers ; mais je suis obligé de le dire en prose, ne connaissant pas les règles de la poésie dans la langue des oiseaux.

Et ils avaient raison, les flatteurs emplumés, il était difficile de voir fleur plus fraîche, plus pure, plus belle, que celle qui semblait avoir poussé sur le bord du bassin où elle se mirait.

Mais c'était une de ces fleurs comme Granville savait si bien les faire, avec des cheveux noirs, des yeux comme des étoiles, des dents comme des perles, des joues comme des pêches : le tout enveloppé non pas d'un de ces voiles épais et mal appris qui cachent ce qu'ils couvrent, mais d'un tissu si fin, si soyeux, si transparent, qu'il semblait tramé avec ces fils que la Vierge laisse, quand vient l'automne, échapper de son fuseau.

Puis, si l'œil imprudent descendait du visage en ligne droite, c'était bien autre chose. Après un cou qui semblait avoir servi de modèle à la *tour d'ivoire* de l'Écriture, venait...

Sans doute ce qui venait après et que cachaient cependant à moitié une chemise de maufe blanche glacée d'azur et une arkabouke de satin cerise, était bien beau, puisque le pauvre Iskander-Beg ne put retenir un cri d'admiration.

À peine ce cri lui eut-il échappé, qu'Iskander eût voulu être né muet, il venait de se chasser lui-même du paradis.

La jeune fille avait entendu ce cri ; elle se retourna, poussa un cri à son tour ; sur son voile transparent, elle jeta un voile épais, et se sauva ou plutôt s'envola, en laissant échapper deux fois le nom d'Iskander-Beg.

Lui, muet trop tard, immobile quand peut-être il eût dû courir ; les bras tendus en avant, comme pour arrêter cette réalité qui, en fuyant, redevenait vision, demeura sans souffle, l'œil fixe, pareil à Apollon voyant fuir Daphné.

Mais Apollon s'élança bientôt sur les pas de la belle nymphe, tandis qu'Iskander-Beg ne bougea point tant qu'il put entrevoir grand comme la main du voile blanc à travers les buissons.

Et, quand il l'eut perdu de vue, il fut bien autrement agité, car il lui sembla alors que la vie, un instant suspendue, rentrait à flots en lui et envahissait bruyamment et violemment son cœur.

– Allah ! murmura-t-il, que va-t-on dire d'elle et de moi, si on nous a vus ?... Qu'elle est belle !... Elle va être grondée par ses parents... Quels beaux yeux noirs !... On croira que c'est un rendez-vous que nous nous sommes donné !... Quelles lèvres ! Elle sait mon nom : deux fois en se sauvant elle a dit : « Iskander ! Iskander ! »

Et il retomba dans sa rêverie, si l'on peut appeler rêverie un état où le sang bout, où l'on entend les harpes jouer à ses oreilles et où l'on voit en plein jour toutes les étoiles du ciel.

Bien certainement, la nuit eût surpris Iskander sur les bords du bassin dans les eaux duquel il semblait avoir laissé tomber son cœur, si le cheval, sentant sa bride, un instant roidie, se relâcher doucement, n'eût continué son chemin sans prendre l'avis de son cavalier.

Iskander rentra chez lui amoureux fou.

Nous regrettons bien de n'avoir pas trouvé dans ce chapitre le temps ni la place de dire pourquoi Iskander en voulait à Mir Hadji Festahli ; mais, bien certainement, nous promettons à nos lecteurs de le leur dire dans le chapitre suivant.

IV

Où Iskander apprend le nom de celle qui savait le sien

Et cependant Iskander-Beg se souvenait des paroles de son père. Son père avait coutume de dire : « La plus belle rose dure un jour, la plus petite épine dure toute la vie... Caresse les femmes, mais ne les aime pas, si tu ne veux point devenir leur esclave... L'amour est doux seulement dans les chansons ; mais, en réalité, son commencement est la crainte, son milieu, le péché, et sa fin, le repentir. »

Et, à ces trois sentences, il ajoutait cette quatrième sentence, leur complément obligé : « Ne regarde pas les femmes des autres, et n'écoute pas la tienne. »

Hâtons-nous de dire, à l'honneur d'Iskander, qu'il oublia tous ces conseils en moins de cinq minutes.

Le jeune Tatar aimait et craignait. La première partie de la prédiction de son père : « Le commencement de l'amour est la crainte », s'accomplissait donc en lui.

Huit jours auparavant, le pauvre Iskander dormait si tranquillement ! la nuit lui paraissait si courte et si rafraîchissante !

Maintenant, il se roule sur son matelas ; il mord son coussin ; sa couverture de soie l'étouffe.

Mais qui était-*elle* ?

À cette question, qu'il se faisait à lui-même pour la dixième fois, Iskander sauta de son matelas sur ses pieds.

Elle ! quel vilain mot !

L'amour ne peut pas souffrir les pronoms, et surtout l'amour du Daghestan.

Jusqu'à ce qu'il sache son vrai nom, Iskander lui donnera un nom supposé.

– Je saurai le nom de ma... Léila, dit-il en attachant son kandjar à sa ceinture : je mourrai peut-être, mais je saurai son nom.

Un moment après, il était dans la rue.

Probablement, le diable a laissé un de ses serpents à Derbend : pour les uns, c'est le serpent de l'ambition ; – combien d'hommes célèbres se sont disputé la possession de Derbend ! – pour les autres, c'est le serpent de l'amour ; – combien de jeunes gens ont perdu la tête à Derbend !

Ce dernier serpent avait décidément mordu Iskander-Beg.

Il erra dans toutes les rues, regarda par toutes les portes, essaya de percer des yeux toutes les murailles et tous les voiles.

Tout fut inutile.

À qui demander son nom ? Qui lui montrera sa maison ?

La curiosité de son cœur le poussait en avant. « Va ! » lui disait-elle.

Où ? Il n'en savait rien.

Il se mêla à la foule, la foule le conduisit à la place du Marché.

S'il voulait savoir le prix de la viande, il était en excellent lieu ; mais le nom de sa belle ! Néant.

Il s'approcha d'un Arménien. Les Arméniens connaissent tout le monde, vendant de tout.

Celui-là vendait du poisson.

– Achète-moi un beau chamaia, Iskander-Beg, dit l'Arménien.

Le jeune homme s'éloigna avec dégoût.

Enfin, il s'approcha de la boutique d'un orfèvre tatar, habile émailleur.

– Que Dieu t'aide ! dit-il au Tatar.

– Qu'Allah t'accorde le bonheur ! répondit l'orfèvre sans détacher ses yeux d'une turquoise qu'il montait sur une bague.

Sur l'établi derrière lequel travaillait l'orfèvre, se trouvait une sébile de cuivre, pleine de différents objets plus ou moins précieux.

Iskander-Beg jeta un cri.

Il venait de reconnaître une boucle d'oreille qu'il était sûr d'avoir vue, la veille, se balancer à l'oreille de son inconnue.

Son cœur bondit : il lui sembla qu'il venait de trouver la première lettre de son nom.

C'était comme s'il eût aperçu sa jolie petite main aux ongles roses lui faisant signe de s'approcher.

Il n'osait prononcer un mot. Il hésitait à faire une question ; il ne savait que dire. Sa voix tremblait, toutes ses idées étaient sens dessus dessous.

Tout à coup, un éclair lui traversa l'esprit.

Une vraie ruse militaire, une de ces ruses avec lesquelles on prend les places.

Il vida la tasse dans sa main, comme pour regarder les bijoux. L'orfèvre, qui l'avait reconnu, le laissa faire.

Il tira adroitement la boucle d'oreille de la masse des bijoux, la mit dans sa poche, et tout à coup :

– Bon ! dit-il, voilà que je laisse tomber la boucle d'oreille !

Et il remit tous les autres bijoux dans la tasse.

– Quelle boucle d'oreille ? demanda le marchand.

– Celle qui avait des clochettes.

– Par Allah ! ramasse-la bien vite, Iskander ; je ne voudrais pas pour cinquante roubles qu'elle fût perdue.

– Oh ! elle n'est pas perdue, dit Iskander.

Puis, après un instant :

– C'est cependant bien étrange que je ne la voie nulle part, dit-il.

– La vue va en descendant, dit le marchand, posant la bague qu'il ciselait, se levant, et regardant par-dessus son établi, en soulevant ses lunettes.

Iskander fit quelques pas et feignit de chercher.

– Je ne la trouve pas, dit-il.

Puis, au bout d'un instant :

– Décidément, elle est perdue, ajouta-t-il.

Cette fois, l'orfèvre ôta ses lunettes de son front, et, les posant sur la table :

– Allah ! dit-il, qu'as-tu fait, Iskander-Beg ?

– J'ai fait que j'ai perdu la boucle d'oreille, voilà tout.

– Mais tu ne sais pas ce qui va m'arriver. Ce vieux coquin de Hadji Festahli est capable de me faire un procès. Une boucle d'oreille en émail de Bakou !

– Sur mon âme, tu te moques de moi, Djaffar ! Que chantes-tu là ? Un homme aussi sérieux que l'est Hadji Festahli, un descendant de Mahomet, un saint porterait des boucles d'oreilles ?

– Et qui te dit qu'il porte des boucles d'oreilles ?

– Il n'a ni femme ni fille, que je sache du moins.

– Il est trop ladre pour cela, le vieil avare ! mais voici tantôt dix ans que son frère Chafy s'est enfui en Perse, en lui laissant sa femme et sa fille. La petite avait seulement six ans à cette époque : elle en a seize maintenant.

– C'est bien cela ! c'est bien cela ! murmura tout bas Iskander.

Puis, tout haut :

– Et on la nomme, cette nièce ? demanda-t-il.

– Kassime, répondit l'orfèvre.

– Kassime, Kassime, répéta tout bas Iskander.

Et le nom lui sembla bien plus joli que celui de Léila, qu'il jeta immédiatement de côté, comme on fait d'un citron dont on a tiré tout le jus.

– Et, depuis le départ de son père, ajouta-t-il tout haut, je présume que la petite a grandi ?

– Tu connais notre pays, Iskander : l'enfant d'un an paraît en avoir deux ; une fille de cinq en paraît dix. Nos jeunes filles, c'est comme les ceps de vigne : à peine est-ce planté, que le raisin est mûr : je ne l'ai jamais vue ; mais l'oncle dit que c'est la plus jolie fille de Derbend.

Iskander-Beg jeta la boucle d'oreille dans la main de l'orfèvre et partit comme une flèche. Il savait tout ce qu'il voulait savoir : le nom et la demeure de sa belle.

Il courut droit à la maison de Hadji Festahli. Il n'espérait pas voir Kassime ; mais peut-être entendrait-il sa voix ; puis, qui sait ? elle sortirait peut-être avec sa mère, et, s'il ne la voyait pas, elle le verrait. Elle se douterait bien qu'il ne serait pas là pour son oncle.

Mais, comme toujours, la maison du vieux Hadji Festahli était fermée ; Iskander se doutait bien du contretemps ; c'était, de tout Derbend, la maison où il était le plus difficile d'entrer.

Il entendit, non point la voix de Kassime, mais les aboiements d'un chien qui redoublaient toutes les fois qu'il approchait de la porte.

Enfin la porte s'ouvrit.

Mais il n'en sortit qu'une abominable vieille tenant un balai à la main.

Sans doute quelque sorcière allant au sabbat.

Elle n'eut pas même la peine de refermer la porte derrière elle : la porte se referma – toute seule, eût-on cru si l'on n'eût entendu une main qui poussait les verrous.

Iskander était résolu à rester là jusqu'au soir, jusqu'au lendemain matin, jusqu'à ce que Kassime sortît. Mais sa présence ne pouvait manquer d'être remarquée et sa présence dirait clairement à Hadji Festahli : « J'aime ta nièce ; cache-la plus étroitement que jamais. »

Il revint à sa maison et se jeta sur un tapis.

Là, comme il n'avait plus peur d'être vu ni même entendu, il se roula, il rugit, il hurla.

Iskander aimait à la manière des lions.

Les bons musulmans, les vrais croyants n'ont aucune idée de ce que nous appelons le parfait amour ; Iskander était tout simplement enragé. Il voulait Kassime à l'instant même, sans retard, tout de suite.

Il était de ces lecteurs qui suppriment la préface d'un livre et qui passent tout de suite au chapitre premier.

Race terrible pour les auteurs et les oncles !

Mais Iskander se dit bientôt qu'il aurait beau se rouler sur son tapis tout un jour, rugir toute une semaine, hurler tout un mois, que tout cela ne le rapprocherait pas de Kassime de l'épaisseur d'un cheveu.

Il fallait donc chercher quelque moyen.

Enfin, à force de se dire à lui-même : « L'oncle de Kassime », il se souvint que, s'il n'avait pas d'oncle, lui, il avait une tante.

Une tante ! pourquoi seraient faites les tantes, si ce n'était pour protéger les amours de leurs neveux ?

Une tante n'est bonne qu'à cela.

Vous ne connaissez pas une tante qui ait jamais servi à autre chose, ni moi non plus.

Il alla acheter de l'étoffe de soie pour une robe et courut chez sa tante.

La tante prit la robe, écouta toute l'histoire des amours de son neveu, et, comme toute tante, si vieille qu'elle soit, se souvient du temps où elle était jeune, la tante d'Iskander, en poussant un soupir envoyé à sa jeunesse perdue, lui promit de faire tout son possible pour amener une entrevue.

– Viens demain chez moi, à midi, mon enfant, lui dit-elle ; j'enverrai chercher Kassime, sous prétexte de lui peindre les paupières avec du kohol. Je te cacherai derrière ce rideau, coquin ! Sois sage seulement. Ne bouge pas, ne respire pas, et surtout ne t'avise pas de souffler mot à qui que ce soit au monde de ce que je fais pour toi.

Iskander, comme on le comprend bien, était rentré chez lui, ravi.

Il se coucha avec le jour, espérant qu'il allait dormir et que, tandis qu'il dormirait, le temps irait son train.

Dormir, c'était bon pour autrefois.

Il s'endormit à une heure et se réveilla à deux.

À sept heures du matin, il était chez sa tante, lui soutenant que midi allait sonner.

À chaque bruit qui se faisait à la porte, il courait se cacher derrière le rideau.

Puis il reprenait sa place près de sa tante en secouant la tête et en disant :

– Elle ne viendra pas.

Puis, entrant en colère et frappant du pied :

– Ah ! disait-il, si elle ne vient pas, je mettrai le feu à la maison de son oncle ; il faudra bien qu'elle sorte pour ne pas être brûlée ; alors je la prends, je l'emporte sur mon karabach et je me sauve avec elle.

Et, à chaque fois, sa tante le calmait en lui disant :

– Ce ne pouvait pas être elle, il n'est que neuf heures – il n'est que dix heures – il n'est que onze heures.

Mais, à midi :

– Oh ! dit la tante, cette fois-ci, c'est elle.

Iskander, aussi bien que sa tante, avait entendu le bruit des petites babouches à talons battant le pavé de la cour et il avait bondi derrière son rideau.

En effet, c'était elle, avec son amie Kitchina ; Kitchina aux yeux bleus, comme on l'appelait.

Les jeunes filles ôtèrent leurs babouches au seuil de la porte, et vinrent s'asseoir près de la vieille tante.

Les deux voiles tombèrent sur les planches. Le rideau frissonna ; par bonheur, ni l'une ni l'autre des deux jeunes filles ne regardaient de son côté.

Non ; elles regardaient la vieille tante, qui tournait le kohol avec un petit pinceau d'ivoire, au fond d'une petite burette d'argent.

Kassime alla se mettre à deux genoux devant la bonne femme, qui commença par lui peindre les sourcils, puis les paupières ; mais, lorsque Kassime, pour cette dernière opération, leva ses beaux yeux, Iskander se sentit le cœur percé comme par une balle.

La vieille femme elle-même fut frappée de cette miraculeuse beauté, et, dans son admiration pour la jeune fille, elle lui dit en l'embrassant :

– Est-ce bientôt, ma jolie Kassime, que je te peindrai dans le bain, au milieu des chansons de tes amies ? Tu possèdes de si beaux yeux, que je leur souhaite de s'ouvrir chaque matin sans larmes et de se fermer chaque soir sous un baiser.

Kassime poussa un soupir et embrassa tendrement la vieille.

Iskander entendit le soupir et sentit la chaleur du baiser.

– Mon oncle Festahli dit que je suis encore trop jeune, répondit tristement Kassime.

– Et que dit ton cœur ? demanda la vieille.

Kassime prit le tambour de basque pendu à la muraille, et, au lieu de répondre, elle chanta :

Belle aurore, pourquoi des plumes de ton aile
Ai-je senti si matin la fraîcheur ?
Beau jeune homme, pourquoi du feu de ta prunelle
M'as-tu, ce soir, brûlé le cœur ?

Pourquoi, lorsque j'ai vu dans un ciel sans nuage
Briller l'astre, image de Dieu ;
Pourquoi, lorsque j'ai vu du milieu de l'orage
Jaillir l'éclair, serpent de feu ?

Pourquoi, maux que l'on craint ou bien que l'on implore,
Qui font la joie ou la terreur des cieux,
Ayant tout oublié : soleil, éclair, aurore,
N'ai-je pas oublié tes yeux ?

Et, en chantant ce derniers vers de la chanson qu'elle venait d'improviser, Kassime rougit jusqu'aux épaules ; puis, riant comme une enfant, elle laissa échapper son tambour et se jeta dans les bras de son amie ; et alors les deux folles jeunes filles se mirent à rire toutes les deux.

De quoi riaient-elles et qu'y avait-il de si risible dans tout cela ?

Mais la vieille comprit très bien, et, pour le bonheur de son neveu, elle voulut avoir immédiatement le secret de l'énigme.

– Ô mon odeur de rose, dit-elle en jouant avec les bagues de Kassime, si mon neveu eût entendu la chanson que tu viens de chanter, il eût crevé la muraille avec sa poitrine pour voir la chanteuse, et, après l'avoir vue, il l'eût enlevée comme un lion fait d'une chèvre.

Le vase rempli d'eau de jasmin tomba en ce moment du coffre qui se trouvait près du rideau et se brisa en mille pièces.

La vieille femme se retourna, les deux jeunes filles pâlirent.

– D'où vient ce bruit ? s'écria Kassime d'une voix tremblante.

– Diable de chat noir ! dit la vieille, il n'en fait jamais d'autres.

Kassime se rassura.

– Oh ! je déteste les chats noirs, dit-elle. On dit qu'ils prêtent parfois leur peau au diable et que c'est pour cela que leurs yeux restent brillants la nuit.

Puis, se retournant vers son amie :

– Allons, Ditchina, dit-elle, maman ne m'avait donné qu'une heure, et voilà le moullah qui crie.

Kassime embrassa froidement la vieille ; mais, devinant que cette froideur était affectée :

– N'importe ! dit la tante en reconduisant la jeune fille, tu as beau te fâcher, Kassime, je voudrais te voir avec des fleurs sur la tête ; ton bonheur m'est aussi cher qu'un fil d'or, et, de ce fil d'or, je sais un homme qui voudrait lier son âme à la tienne, et sois tranquille, chère enfant, il n'y a qu'Allah, lui et moi qui sachions cela.

Kassime ouvrit ses grands yeux, dont l'étonnement doublait de grandeur ; mais, en ce moment même, elle était sur le seuil de la maison ; son amie, qui était derrière elle, la poussa doucement ; la porte se referma, et, pour toute explication, elle entendit le bruit de la clef qui grinçait dans le cadenas.

Iskander-Beg étouffa presque sa tante entre ses bras lorsqu'elle revint de conduire Kassime. La bonne femme lui fit de grands reproches de ce qu'il n'avait pu se tenir tranquille dans son observatoire.

– Oh ! dit-elle, quand le maudit vase est tombé, j'ai failli mourir de terreur ! Méchant enfant, tu eusses jeté la terre du tombeau sur ma pauvre tête si Kassime eût pu deviner qui l'avait fait tomber.

– Est-ce ma faute, ma tante, s'écria Iskander, et pouvais-je demeurer tranquille quand mon cœur menaçait de se briser en voyant les roses qui se répandirent sur les joues de Kassime après que tu as eu prononcé mon nom ? J'ai fait un mouvement pour les cueillir avec mes lèvres. Que veux-tu ! qui sème doit moissonner.

– Non quand nous semons dans le jardin d'autrui.

– Achète-moi donc ce jardin, ma tante ; ne me laisse pas mourir comme un rossignol sur les épines d'un buisson de roses. Kassime doit être ma femme ; demande-la donc sans retard à son oncle, et sache que je suis aussi reconnaissant qu'amoureux. Réussis dans ton ambassade, ma tante, et je te promets la plus belle paire de buffles du Daghestan.

Le lendemain, Iskander-Beg reçut la réponse de Mir Hadji Festahli.

Hélas ! elle était bien loin d'être ce qu'il espérait.

La voici, au reste : le lecteur pourra juger de l'espoir qu'elle laissait au pauvre Iskander.

– Dis, de ma part, à ton Iskander, avait répondu Festahli à la vieille tante, que je n'ai pas oublié son père. Son père était un brutal. Un jour, devant tout le peuple, il m'appela... je ne veux pas redire comment il m'appela : je n'ai pas pu me venger, parce que c'était justement l'époque où le pouvoir russe se mêlait de nos usages ; mais je n'ai point oublié l'offense. Je n'ai point brûlé son cercueil. C'est au fils à payer la dette du père, et je ne suis pas un chien pour aller caresser celui qui m'a battu. Mais, pour dire la vérité, n'y eût-il pas eu cette offense entre nous, qu'Iskander n'en aurait pas davantage ma nièce. Le beau profit d'être l'oncle de ce beg ! Il y en a soixante et dix à Derbend, des begs comme lui. Je les lui compterai quand il voudra. Que me parles-tu de dot ? Oui, sans doute, en se ruinant, il peut payer ma nièce ; mais, après, comment vivra-t-il avec elle ? A-t-il des parents qui puissent l'aider en cas de besoin ? Combien d'œufs de corbeau reçoit-il de rente de ses masures ? Combien de bottes d'orties récolte-t-il dans ses champs ? Il est nu, tout à fait nu, ton gueux de neveu. Dis-lui donc non, et cent fois non. Je ne veux pas d'un vaurien comme lui dans ma famille. Une tête et une bourse si vides, qu'il n'y a qu'à souffler dessus pour que la tête et la bourse s'envolent... Bonsoir, la vieille !

Avec le caractère que vous connaissez à Iskander-Beg, vous devez comprendre sa fureur lorsque la vieille tante vint lui rendre cette réponse mot à mot.

Enfin, sa vengeance se calma ; il venait de faire serment qu'il se vengerait de Mir Hadji Festahli d'une façon terrible.

Il était tatar.

Cela vous explique pourquoi Hadji Festahli était si préoccupé en montant les rues qui conduisaient à la maison d'Iskander-Beg ; pourquoi, dans sa préoccupation, il crachait sur la barbe noire de Hussein et sur la barbe rose de Ferzaly, et pourquoi enfin, arrivé à la porte d'Iskander-Beg, au lieu de frapper à coups impatients, il frappa à tout petits coups.

V

Donnant donnant

Iskander n'était ni riche ni marié : sa porte s'ouvrait donc facilement et non pas à moitié, mais toute grande ; car il ne craignait pas qu'en venant le voir, on ne vît ou sa femme ou son coffre-fort.

Aussi Iskander recevait-il ses visites, non pas sur le seuil de sa porte, comme font les musulmans pères de famille, mais dans sa chambre la plus reculée. Rien, chez lui, ne pouvait tenter ni les voleurs de cœur ni les voleurs d'argent.

– Soyez les bienvenus ! cria-t-il aux arrivants de l'autre côté de la porte, avant même de savoir qui ils étaient.

Et la porte s'ouvrit.

Iskander-Beg était venu ouvrir lui-même, son nouker étant occupé à panser son cheval. Il resta tout ébahi en voyant dans la rue Mir Hadji Festahli et ses deux acolytes.

Le sang lui monta à la tête, et son premier mouvement fut de porter la main à son poignard.

Mais, chez lui, grâce à un violent effort, la curiosité comprima la colère.

Il posa respectueusement la main sur son cœur, salua ses hôtes et les invita à entrer.

Ils s'assirent sur les tapis, arrangèrent leur barbe avec la dignité orientale, régularisèrent les plis de leurs habits, et la conversation commença par des lieux communs.

Enfin, après cinq minutes perdues à des paroles insignifiantes, Mir Hadji Festahli aborda la question.

Il parla des malheurs qui menaçaient le Daghestan en général et la ville de Derbend en particulier, si une pareille sécheresse durait encore seulement huit jours.

À chaque période, il se tournait vers ses compagnons, comme pour leur demander de l'appuyer ; mais ceux-ci, à leur tour, restaient muets, et, s'ils ne crachaient pas sur sa barbe, ce n'était point, certes, que le désir leur en manquât.

Iskander, de son côté, paraissait peu ému de la pathétique peinture que Mir Hadji Festahli faisait des malheurs de la ville et de la province ; seulement, à la rougeur de son visage, on pouvait comprendre qu'une flamme lui brûlait la poitrine.

Il en résultat que Hadji Festahli termina son discours par cette triple exclamation :

– Malheur ! malheur ! malheur à Derbend !

– Probablement ! répondit Iskander.

– Certainement ! ajouta Hussein.

– Absolument ! larmoya Ferzali.

Après quoi, il se fit un moment de silence.

Pendant ce silence, Iskander regarda ses visiteurs les uns après les autres d'un œil interrogateur ; mais ils restèrent muets.

Iskander commença de s'impatienter.

– Vous n'êtes pas venus, mes frères, dit-il, pour que nous essuyions notre sueur et versions nos larmes en compagnie, et je présume que, de votre part, ou de la part de ceux qui vous envoient, – car vous me faites l'effet d'être des ambassadeurs près de mon auguste personne, – vous avez à me dire quelque chose de plus important que ce que vous m'avez dit.

– Mon frère est plein de pénétration, répondit Hadji Festahli en s'inclinant.

Et alors, avec une foule de périphrases orientales sur l'honneur qu'il y avait pour Iskander à être l'objet d'un pareil choix, il raconta à celui-ci ce que les habitants de Derbend attendaient de son dévouement.

Mais alors le sourcil d'Iskander se fronça d'une manière terrible.

– Choix étrange ! s'écria-t-il avec véhémence. Jusqu'à présent, les habitants de Derbend, pour lesquels je me suis cependant assez bien battu – il est vrai de dire que je me battais encore plutôt pour moi que pour eux, – non seulement ne m'ont point parlé, mais m'ont à peine salué. Et maintenant voilà qu'ils me donnent une commission que je ne sollicitais pas et dont je suis indigne. Il est vrai qu'il y a force précipices dans la montagne du Chakh-Dague ; il est vrai que, sur la montagne du Chakh-Dague, le brigand Moullah-Nour fait sa demeure habituelle ; qu'il y a dix chances contre deux que je roule dans un précipice et vingt contre une que je sois assassiné par Moullah-Nour ; mais peu leur importe, je puis leur être bon à cela, et ils ont jeté les yeux sur moi. Et pourquoi, je vous prie, moi qui aime la chaleur et le soleil, demanderais-je des nuages et de la pluie à Allah ? Tout au contraire, je suis enchanté que ma maison soit sèche, mon écurie saine, et qu'il n'y ait ni brouillard dans l'air, ni boue dans la rue. Le soleil, d'ailleurs, fait éclore mes œufs de corbeau, et mes orties poussent bien sans pluie. Vous vous êtes moqués de ce que je ne récoltais pas de blé ! Pourquoi, n'ayant pas de blé, m'inquiéterais-je du vôtre ? Vous avez calomnié mon père, vous l'avez volé, vous l'avez chassé, vous m'avez méprisé, et maintenant vous voulez que je risque ma vie pour vous être utile et que j'implore pour vous la miséricorde de Dieu ! Mais je me trompe, c'est sans doute pour une nouvelle insulte que vous venez chez moi, et pour qu'à cette insulte il ne manque rien, c'est au saint, au respectable Hadji Festahli que l'on a confié le soin de me faire une semblable proposition. On ne charge pas le chameau quand il est sur ses pieds, mais quand il se met à genoux, et moi, vous le voyez, je suis sur mes pieds.

Et Iskander se leva, fier comme un roi, terrible comme un dieu.

– Maintenant, dit-il, nous avons un petit compte à régler, Hadji Festahli et moi. Nous nous éloignons pour quelques instants ; excusez-nous, dignes seigneurs.

Et il fit signe à Hadji Festahli de le suivre dans la chambre voisine.

À ce signe, la figure du saint musulman devint longue et sombre comme une nuit d'automne. Il se leva en souriant ; mais, comme chacun sait, il existe deux sourires : l'un qui avance les lèvres pour embrasser, l'autre qui montre les dents pour mordre.

Ils passèrent tous deux dans la chambre à côté.

Ce que dirent, pendant ce temps, Hussein à la barbe noire et Ferzali à la barbe rose, nous ne saurions le dire à nos lecteurs, attendu que nous écoutions à la porte de la chambre où s'étaient retirés Hadji Festahli et Iskander.

Au bout d'un instant, les deux ennemis rentrèrent le visage rayonnant : ils avaient l'air de deux plaques en diamants du Lion et du Soleil, placées côte à côte sur la poitrine d'un ministre persan.

Iskander alors se retourna vers les deux autres visiteurs et dit :

– J'avais d'abord des motifs à moi seul connus pour ne pas me rendre aux désirs des habitants de Derbend ; mais le respectable Hadji Festahli, que Dieu conserve, m'a donné de si bonnes raisons pour me décider, que je suis prêt maintenant à aller chercher de la neige au sommet du Chakh-Dague, au risque de rouler dans les précipices et de me brûler la moustache avec Moullah-Nour. Tout est au pouvoir d'Allah, et si une chaude et fervente prière peut attendrir le cœur de Dieu, j'ose dire que le cœur de Dieu s'attendrira et que les nuages eux-mêmes verseront tant de larmes, que la terre en sera désaltérée non seulement pour cette année, mais encore pour l'année prochaine. Je pars ce soir. – Priez, j'agirai.

Puis il ajouta :

– Le temps est cher, je ne vous retiens pas.

Les ambassadeurs remercièrent Iskander ; les pieds rentrèrent dans les souliers et les visiteurs sortirent.

Iskander resta seul ; c'était ce qu'il demandait.

– Eh bien, s'écria-t-il tout joyeux quand il vit que personne ne le pouvait entendre, il est encore meilleur que je ne le croyais, ce vieux coquin de Hadji Festahli. Il m'en voulait mal de mort parce que mon père, un jour, en face de tout le monde, l'avait appelé fils de... n'importe quoi ! et voilà que, comme un véritable patriarche, il sacrifie son ressentiment au bien public et me donne sa nièce en échange d'un peu de neige... Honnête homme, va !

De leur côté, en s'en allant, Hussein et Ferzali disaient :

– Ce n'est pas un homme, c'est un ange que cet Iskander. Il était furieux contre Derbend, enragé contre Festahli ; mais, lorsqu'on lui a parlé des larmes et des souffrances des pauvres, il n'a plus rien su nous refuser.

Et le peuple, à son tour, enchanté du consentement donné par Iskander, se mit à chanter et à danser.

Festahli riait dans sa barbe.

– Une parole, une parole !... murmurait-il, qu'est-ce que cela, une parole, surtout quand il n'y a pas de témoins ? Il ne peut pas me forcer. Je serais mort de honte, si j'étais revenu devant le peuple avec le refus d'Iskander. Puis, d'ailleurs, j'ai ajouté : « Si tu termines heureusement ton voyage... » Or Iskander n'est pas revenu, les sentiers du Chakh-Dague sont bien escarpés, et Moullah-Nour bien brave. Nous verrons ! nous verrons !

C'était un bien saint homme que ce Mir Hadji Festahli Ismaël Ogli ! il descendait directement du prophète.

Iskander baisa de joie son bon cheval du Karabach en disant :

– Ils sont fous, ma parole d'honneur, de croire que je fais tout cela pour leur blé. Ah ! pour Kassime, pour ma belle, pour mon adorée Kassime, j'escaladerais non seulement le Chakh-Dague, mais encore la lune ! – Ibrahim ! de l'avoine à mon cheval ! de l'avoine !

VI

Ode en l'honneur du nez

Avez-vous jamais réfléchi, chers lecteurs, à l'admirable chose qu'est un nez ?

Un nez, oui, un nez !

Et comme un nez est utile à tout individu qui lève, comme dit Ovide, son visage vers le ciel ?

Eh bien, chose étrange ! ingratitude inouïe ! pas un poète n'a encore eu l'idée de faire une ode au nez !

Il faut que ce soit à moi qui ne suis pas poète ou qui, du moins, n'ai la prétention que de venir après nos grands poètes, qu'une idée comme celle-là pousse.

En vérité, le nez a du malheur.

Les hommes ont inventé tant de choses pour les yeux !

On a fait pour eux des chansons, des compliments, des kaléidoscopes, des tableaux, des décorations, des lunettes.

Et puis les oreilles :

D'abord, les boucles d'oreilles, *Robert le Diable, Guillaume Tell, Fra Diavolo*, les violons de Stradivarius, les pianos d'Érard, les trompettes de Sax.

Et pour la bouche :

Carême, la Cuisinière bourgeoise, l'Almanach des gastronomes, le Dictionnaire des gourmands. On lui a fait des soupes de toute sorte, depuis la batwigne russe jusqu'à la soupe aux choux française ; on lui a fait manger la réputation des plus grands hommes, depuis les côtelettes à la Soubise jusqu'aux boudins à la Richelieu ; on a comparé ses lèvres à du corail, ses dents à des perles, son haleine à du benjoin ; on lui a servi des paons avec leurs plumes, des bécasses sans être vidées ; on lui promet enfin, pour l'avenir, des alouettes toutes rôties.

Qu'a-t-on inventé pour le nez ?

L'essence de rose et le tabac à priser.

Ah ! ce n'est pas bien, philanthropes, mes maîtres ! poètes, mes confrères !

Et cependant avec quelle fidélité ce membre...

– Ce n'est pas un membre ! s'écrieront les savants.

Pardon, messieurs, je me reprends : cet appendice... Ah ! – Et cependant, disais-je, avec quelle fidélité vous sert cet appendice !

Les yeux dorment, la bouche se ferme, les oreilles s'assourdissent.

Le nez, lui, fait toujours bonne garde.

Il garde votre repos, contribue à votre santé. Toutes les autres parties de votre corps, les pieds, les mains, font des bêtises. Les mains se laissent prendre dans le sac, comme des sottes qu'elles sont ; les pieds buttent et font tomber le corps, comme des maladroits qu'ils sont.

Et, dans ce dernier cas, qui souffre encore, la plupart du temps ? Les pieds font la faute, et c'est le nez qui est puni.

Combien de fois n'avez-vous pas entendu dire :

– Monsieur un tel s'est cassé le nez !

Il y a eu bien des nez cassés depuis le commencement du monde.

Que l'on me cite un nez, un seul, qui l'ait été par sa faute !

Non. Sur ce pauvre nez, tout retombe.

Eh bien, il supporte tout avec une patience évangélique. Quelquefois, il est vrai, il pousse la hardiesse jusqu'à ronfler. Mais où, mais quand l'avez-vous entendu se plaindre ?

Oublions que la nature l'a créé instrument admirable pour augmenter ou diminuer à volonté le volume de notre voix. Ne disons rien du service qu'il nous rend en faisant l'intermédiaire entre notre âme et l'âme des fleurs. Repoussons son utilité et prenons-le seulement de son côté esthétique, la beauté.

Cèdre du Liban, il foule sous ses pieds l'hysope des moustaches ; colonne centrale, il sert de base au double arc des sourcils. Sur son chapiteau repose l'aigle, c'est-à-dire la pensée. Autour de lui fleurissent les sourires. Avec quelle fierté le nez d'Ajax se dressait-il contre l'orage quand il disait : « J'échapperai malgré les dieux ! » Avec quel courage le nez du grand Condé – qui n'a jamais été nommé grand qu'à cause de son nez, – avec quel courage le nez du grand Condé lui-même, dans les retranchements des Espagnols, où le vainqueur de Lens et de Rocroy avait eu la hardiesse ou plutôt l'imprudence de jeter son bâton de commandement ! Avec quelle assurance se présentait au public le nez de Dugazon, qui avait trouvé quarante-deux manières de se mouvoir, et toutes plus comiques les unes que les autres !

Non, je ne crois pas que le nez soit condamné à l'obscurité dans laquelle l'ingratitude des hommes l'a laissé jusqu'ici.

Peut-être aussi est-ce parce que les nez d'Occident sont en général de petits nez, qu'ils ont subi cette injustice.

Mais il n'y a pas que les nez d'Occident, que diable !

Il y a les nez d'Orient, qui sont de jolis nez.

Doutez-vous de la supériorité de ces nez sur les vôtres, messieurs de Paris, de Vienne ou de Saint-Pétersbourg ?

En ce cas, Viennois, prenez le Danube ; Parisiens, le bateau à vapeur ; Pétersbourgeois, le *perecladdoï*, et dites ces simples mots :

– En Géorgie !

Ah ! seulement, je vous annonce d'avance une humiliation profonde ; apportassiez-vous en Géorgie un des plus grands nez de l'Europe, – le nez d'Hyacinthe ou celui de Schiller, – à la barrière de Tiflis, on vous regardera avec étonnement, et l'on dira :

– Voilà un monsieur qui a perdu son nez en chemin, quel malheur !

Dès la première rue de la ville, que dis-je ! dès les premières maisons des faubourgs, vous serez convaincus que tous les nez grecs, romains, allemands, français, espagnols et même napolitains, doivent s'enfoncer de honte dans les entrailles de la terre à la vue des nez géorgiens.

Ah ! vrai Dieu ! les beaux nez que les nez de la Géorgie ! les robustes nez ! les magnifiques nez !

D'abord, il y en a de toutes les formes :

De ronds, de gros, de longs, de larges.

Il y en a de toutes les sortes :

De blancs, de roses, de rouges, de violets.

Il y en a de montés avec des rubis, d'autres avec des perles ; j'en ai vu un monté en turquoises.

Vous n'avez qu'à les presser entre les deux doigts, et, du plus petit, coulera un pinte de vin de Kaketie.

En Géorgie, une loi de Wachtang IV a aboli la toise, le mètre, l'archine ; il n'a conservé que le nez.

Les étoffes se mesurent au nez.

On dit : « J'ai acheté dix-sept nez de tarmalama pour me faire une robe de chambre, sept nez de kanaos pour me faire un pantalon, un nez et demi de satin pour me faire une cravate. »

Et, disons-le, les dames géorgiennes trouvent que cette mesure vaut beaucoup mieux que toutes les mesures d'Europe.

Mais, à l'endroit des nez, il ne faut pas non plus mépriser le Daghestan.

Ainsi, par exemple, au milieu du visage du beg de Derbend Hadji Ioussouf, Dieu donne force à ses épaules ! s'élève une certaine protubérance à laquelle ses compatriotes en sont encore à trouver un nom convenable, et cependant les uns l'appellent une trompe, les autres un gouvernail, d'autres un manche !

À son ombre, trois hommes pouvaient dormir.

On doit comprendre combien un pareil nez devait être respecté à Derbend, par une chaleur de cinquante-deux degrés au soleil, puisque de l'autre côté de ce nez, c'est-à-dire à l'ombre, il n'y avait que quarante degrés.

On ne sera donc pas surpris qu'on eût donné Ioussouf comme guide à Iskander.

Mais disons toute la vérité : ce n'était pas tout à fait à cause de son nez qu'on le lui avait adjoint.

Comme l'indique le titre de hadji, dont nous avons fait précéder le nom d'Ioussouf, Ioussouf avait été à La Mecque.

Pour arriver là, il avait traversé la Perse, l'Asie Mineure, la Palestine, le désert, une partie de l'Arabie Pétrée et une portion de la mer Rouge.

Aussi, à son retour, quels admirables récits Ioussouf n'avait-il pas faits de son voyage, des dangers qu'il avait courus ; des bandits qu'il avait terrassés ; des animaux féroces auxquels il avait, comme Samson, brisé la mâchoire !

Quand il apparaissait au bazar de Derbend, on se rangeait et l'on disait :

– Place au lion du steppe !

– C'est un fier homme ! disaient les moustaches les plus pointues et les barbes les plus longues, lorsque Ioussouf-Beg coupait les têtes au fil de sa langue dorée. On dit qu'en passant sur une montagne de Perse, arrivé au sommet, il a accroché son papak à la corne de la lune, tant la montagne était haute ; il n'a eu longtemps, pour toute nourriture, que des omelettes d'œufs d'aigle, et il couchait la nuit dans des cavernes où, quand il éternuait, l'écho répondait de lui-même : « Que Dieu te bénisse ! » Il est vrai qu'il parle sans réflexion la plupart du temps ; mais, lorsqu'il a parlé, ses paroles donnent à réfléchir aux autres. Quels animaux n'a-t-il pas vus ! quels hommes n'a-t-il pas rencontrés ! Il a vu des animaux qui avaient deux têtes et un seul pied, il a rencontré des hommes qui n'avaient pas de tête et qui pensaient par le ventre.

Tous ces récits avaient bien un peu vieilli ; c'est sans doute ce qui faisait qu'on n'avait pas songé à lui, pour l'envoyer chercher la boule de neige ; mais, quand l'acclamation générale eut donné cette mission à Iskander, Ioussouf monta sur son cheval persan, passa à sa ceinture son poignard d'Andrev, son pistolet de Kouba et sa schaska de Vladikavkas, et se promena fièrement dans les rues de Derbend, en disant :

– Si vous voulez, j'accompagnerai le pauvre Iskander ; car que voulez-vous que le pauvre Iskander fasse sans moi ?

On lui répondit :

– Eh bien, soit, accompagne Iskander.

Alors il rentra chez lui pour renforcer son armure défensive d'une cuirasse à mailles de cuivre, son armure offensive d'un fusil de Nouka. Des bottes jaunes à hauts talons complétèrent son costume ; enfin il pendit à sa selle son sabre et son fouet.

À peine pouvait-il se mouvoir avec tout cet arsenal.

Il était prêt bien avant Iskander, et l'attendait à la porte, en disant :

– Eh bien, mais est-ce qu'il ne viendra pas ?... Si l'on m'eût donné cette mission, moi, il y a déjà deux heures que je serais parti.

Vers six heures de l'après-midi, Iskander sortit de sa cour sur son cheval du Karabach, et dans le costume et sous les armes avec lesquels on avait coutume de le voir.

Iskander traversa lentement la ville, non pas qu'il eût le moins du monde l'intention de se faire voir, mais parce que les rues qui conduisaient de sa maison aux portes de Derbend étaient encombrées par la population.

Enfin, il parvint à joindre Ioussouf-Beg, lui donna la main, salua une dernière fois les habitants de Derbend et partit au galop.

Ioussouf le suivit sur son coursier du Khoraçan. Pendant quelque temps, on distingua hommes et chevaux, puis on ne vit plus que de la poussière, puis on ne vit plus rien du tout.

Hommes et chevaux avaient disparu.

Arrivé à un immense cimetière, Iskander-Beg ralentit le pas de son cheval.

La nuit commençait à tomber.

Mais Iskander ne songeait ni à la nuit ni au cimetière ; il songeait à sa bien-aimée Kassime.

Ioussouf regardait à droite et à gauche avec une certaine inquiétude et profita de ce qu'Iskander ralentissait le pas pour se rapprocher de lui.

Iskander était plongé dans ses pensées.

Oh ! si vous avez jamais été jeune d'âme ; si jamais vous avez aimé de tout votre cœur, et si, jeune et amoureux, vous vous êtes éloigné du lieu qu'habitait votre bien-aimée, vous comprendrez alors quels sentiments s'agitaient dans la poitrine d'Iskander-Beg. Sans doute, c'est une folie que d'imaginer qu'en respirant le même air nous faisons les mêmes rêves ; qu'en regardant dix fois une fenêtre, fût-elle fermée, nous emportons dix souvenirs ; mais cette folie nous soulage. Notre imagination est toujours plus pittoresque que la réalité : notre imagination, c'est la poésie ; elle vole légère comme les anges et les oiseaux, et jamais ses ailes blanches ne sont souillées de la boue ni de la poussière des chemins.

La réalité, au contraire, c'est la prose : elle s'enfonce dans les détails ; en se penchant sur le cou blanc de la fiancée, elle ne regarde point à la finesse de la peau, mais se demande si les perles de son collier sont vraies ou fausses ; elle fait la cour au mari, caresse le chien et donne de l'argent aux servantes.

Ma foi ! vive la poésie !

Iskander faisait à peu près les mêmes réflexions que nous ; seulement, il les faisait avec vingt-cinq ans de moins, ce qui devait leur donner à la fois les couleurs de la rose et le parfum de l'aubépine, lorsqu'il sentit que Ioussouf-Beg le touchait du coude.

– Eh bien, lui demanda-t-il en sortant de sa rêverie, qu'y a-t-il, Ioussouf ?

– Il y a que, puisque nous n'avons pas jugé à propos de rester dans la ville avec les vivants, je ne vois pas pourquoi nous restons dans un cimetière avec les morts. Que je brûle leurs cercueils, si toutes ces pierres ne semblent pas se soulever, et si cette diablesse de potence n'étend pas vers nous sa patte noire et décharnée !

– Elle soupire après toi, Hadji Ioussouf : elle craint que tu ne lui échappes, répondit en riant Iskander.

– Je crache sur la barbe de celui qui l'a plantée là, dit Hadji Ioussouf. Allah me garde ! mais, chaque fois que je passe par ici, si bon musulman que je me croie, si pur de cœur que je sois, il me semble toujours qu'elle va m'empoigner par le cou ; et, pour dire vrai, avoue, Iskander, que si nous n'étions pas sous la domination russe, nous ne resterions pas longtemps dans la ville le fusil à l'épaule, le pied à l'étrier. À bas les caravanes ! Oh ! comme je les arrangerais, les caravanes, comme je les hacherais en morceaux pas plus gros que des grains de millet !

– En vérité, mon cher Ioussouf, je ne te savais pas si brave pendant la nuit... Lors du blocus de Kasi-Moullah, je t'ai vu au combat pendant le jour, ou plutôt je ne t'ai pas vu ; est-ce que tu n'étais pas à Derbend ?

– Ah çà ! mon bien-aimé Iskander, tu te moqueras donc toujours de moi ? Ce n'est donc pas, toi présent, que j'ai coupé la tête à ce Lesghien, lequel était tellement enragé contre moi, que, la tête étant déjà à terre, elle m'a si cruellement mordu le pied, que j'en souffre encore aujourd'hui, toutes les fois que le temps va changer ? Comment ! sérieusement, tu n'as pas vu cela ?

– Dieu ne m'a pas accordé cette grâce.

– D'ailleurs, sont-ce des hommes, ces Lesghiens ? Est-ce la peine de risquer sa tête contre leurs balles ? Si je tue un Lesghien, ce n'est rien, mais, si un Lesghien me tue, Allah éprouvera quelque embarras à me remplacer. Aussi, celui-là tué, j'ai pensé que c'était bien assez de combats corps à corps. Je m'en allais tous les jours dans la citadelle : j'avais adopté une pièce de canon ; oui, je m'étais fait son pointeur, j'ajustais et je disais au porte-lance : « Feu ! » et alors je voyais danser le groupe sur lequel j'avais pointé ma pièce. Ah ! par Allah ! je me suis bien amusé. Je ne m'en suis jamais vanté, mais je puis le dire à toi qui es mon ami, je suis sûr que je suis la principale cause, vu le mal que je lui faisais, que Kasi-Moullah a levé le siège ; et quand on pense que je n'ai pas reçu la moindre croix, pas même celle de Saint-Georges !... Eh ! n'entends-tu pas quelque chose ? ajouta le vaillant beg en se serrant contre Iskander.

– Que diable veux-tu entendre ici, hors le sifflement du vent et les cris des chacals ?

– Maudits animaux ! je leur tuerai pères, mères et aïeuls. Quelle noce font-ils maintenant ? Je te le demande.

– Ils devinent peut-être que, demain au soir, ils se régaleront de nos cadavres. Sais-tu bien que celui qui attrapera ton nez, Ioussouf, ne sera pas malheureux ?

– Voyons, voyons, pas de méchante plaisanterie, Iskander ! Un mauvais mot appelle une mauvaise affaire. C'est justement l'heure des brigands. Les démons, dès que la nuit arrive, se répandent par les chemins. Iskander, si nous allions rencontrer Moullah-Nour !

– Qu'est-ce que cela, Moullah-Nour ? fit Iskander, comme s'il ne connaissait pas celui dont son camarade de voyage venait de prononcer le nom.

– Pas si haut, Iskander ! pas si haut ! par Hussein et Ali, je t'en conjure, ou je déclare que je ne reste pas avec toi. Ce maudit Moullah-Nour a des oreilles sur tous les arbres ; au moment où l'on ne pense pas à lui, pan ! il vous tombe sur la tête comme la foudre.

– Et puis ?

– Comment ! et puis ?...

– Je demande : après ?

– Après, tu es pris. Il aime à rire et à plaisanter, mais, tu comprends, des plaisanteries de brigand. S'il te connaît pour avare, il te prendra d'abord tout ce que tu auras dans tes poches, sans compter qu'il te mettra encore à rançon. À un autre, s'il est pauvre, il ne prendra rien ; il donnera même.

– Comment ! il donnera ?

– Oui, il y a des exemples de cela. De braves garçons amoureux et qui n'avaient pas vingt-cinq roubles pour acheter leur femme, eh bien, il les leur donnait. À d'autres, il prendra de l'or la pesanteur de ce qu'il a de balles dans ses cartouches ; à d'autres enfin, il demandera autant de roubles qu'il en pourra placer sur la lame de son poignard. « Que voulez-vous ! dit-il, je suis moi-même un pauvre marchand, et tout commerce a ses risques, surtout le mien. »

– Mais, reprit Iskander en riant, est-ce que, par hasard, ceux qu'il arrête ont des pipes au lieu de fusil ? ou est-ce que Moullah-Nour est de fer ?

– De fer ? dis donc d'acier, cher ami. Les balles s'aplatissent sur lui comme sur le granit. Allah est grand !

– D'après ce que tu me dis, Ioussouf, j'aime mieux croire que Moullah-Nour est le diable en personne. Il faut être le diable, et non pas un homme, pour arrêter des caravanes entières.

– Ah ! comme on voit, pauvre garçon, que tu n'as jamais rien entendu que le chant de ton coq ! Et qui donc te dit que Moullah-Nour n'a pas de compagnons ? Mais il est entouré, au contraire, d'un tas de gaillards qui pensent que mieux vaut manger le pain cultivé par les autres que de prendre la peine de le cultiver soi-même. Des compagnons ! par Allah ! ils ne lui manquent pas, les compagnons. Ainsi, moi-même, par exemple, j'ai souvent pensé à cela. Si je n'avais pas de parents, pas d'héritage à venir, brave et aventureux... Mais que fais-tu donc, Iskander-Beg ? où vas-tu donc de ce train-là ? On dit que l'obscurité est le jour du diable, et je commence à le croire, attendu que cette nuit est noire comme l'enfer. Mais réponds-moi donc, Iskander ! à quoi penses-tu ?

– Je pense que tu es un mauvais cavalier, Hadji Ioussouf.

– Moi, un mauvais cavalier ? N'as-tu pas honte de me dire cela ? Il est fâcheux que tu n'aies pas vu comment j'ai arrangé une troupe de brigands près de Damas. Je puis dire, sans me vanter, que lorsque je l'eus sauvée, toute la caravane des pèlerins était à mes pieds, et il y avait de quoi. J'avais tant tué, que mon fusil en était rouge et partait de lui-même. Quant à mon sabre, c'était autre chose : il avait des dents comme un peigne. J'ai laissé sept morts sur le champ de bataille, et j'en ai pris deux vivants.

– Qu'en as-tu fait ?

– Je les ai brûlés le lendemain : ils m'embarrassaient.

– Ça, c'est de la férocité, Ioussouf.

– Que veux-tu ! voilà comme je suis.

– Et tu ne rougis pas de me conter de pareilles histoires ? Ton fusil avait plus de conscience que toi ; il rougissait, au moins, lui.

– Tu ne me crois pas ? Demande à Saphar-Kouli, il y était.

– Quel malheur que Saphar-Kouli soit mort, il y a huit jours !

– C'est vrai. Comme s'il n'eût pas pu attendre, l'imbécile ! Ah çà ! mais, à t'entendre, je serais un poltron. Par Allah ! mets-moi en face d'une douzaine de brigands, et tu verras comme je les arrangerai. Voyons, où sont-ils ? Montre-les-moi du bout du doigt... Seulement, pas la nuit. Oh ! je n'aime pas à me battre la nuit ; je veux que le soleil voie ma bravoure ; et puis j'ai une habitude, c'est de viser toujours à l'œil droit.

– Je ne reviens pas de mon étonnement, Ioussouf. Douze brigands, et tu en fais ton affaire ?

– C'est un déjeuner pour moi.

– Vienne donc le jour, et puissions-nous rencontrer douze brigands ; juste douze. Je te promets que je te les laisserai tous, Ioussouf. Je n'en toucherai pas un, même avec le pommeau de mon poignard.

– Mon cher, il ne faut jamais désirer voir le diable ou aussitôt il nous apparaît. Or, comme les brigands sont des diables et que nous sommes ici sur leurs terres, mieux vaut ne pas les évoquer. Avec cela qu'il fait de plus en plus sombre. Il faut que Satan ait emporté la lune. Maudite nuit, elle nous tire le chemin des pieds... Aïe ! à moi ! au secours !

– Qu'y a-t-il ?

– Un brigand qui m'arrête, Iskander ! Veux-tu me lâcher,

démon ?

– Démasque-le, et je ferai feu.

– Démasque-le, démasque-le ! c'est bientôt dit. Je crois qu'il a des griffes. Il me tient comme le faucon tient sa proie... Qui est-tu ? Que me veux-tu ? Voyons, mon ami, on peut s'entendre.

Iskander s'approcha d'Ioussouf.

– Je m'en doutais, dit-il. La peur a de grands yeux : ton brigand est un buisson de *dergy-de-revo*. Oh ! mon cher Ioussouf, tu aurais mieux fait d'aller chercher de l'eau sur un âne à la fontaine que de venir avec moi chercher de la neige au mont Chakh-Dague.

– Un buisson ? Je te déclare que c'était bel et bien un Lesghien ou un Tchetchen ; mais il m'a vu mettre la main à mon poignard, et il m'a lâché.

– Il t'a vu mettre la main à ton poignard par une pareille obscurité, quand, tu le dis toi-même, le diable a emporté la lune ?

– Ces drôles-là sont comme les chats : ils y voient dans l'obscurité, c'est connu. Ohé ! mon cher Iskander, que voyez-vous là, devant vous ?

– C'est la rivière. Comment ! avec un nez comme le tien, tu ne sens pas l'eau ?... Tiens, regarde, mon cheval s'y connaît mieux que toi.

– Est-ce que tu vas passer la rivière ce soir ?

– Sans doute.

– Iskander, c'est imprudent, ce que tu veux faire là. Iskander, mieux vaut attendre à demain. Ce n'est pas une bagatelle que de passer la rivière à cette heure-ci, et la Karatcha encore !...

Iskander était déjà au milieu de l'eau.

Ioussouf aimait encore mieux suivre son compagnon que de rester en arrière ; il se lança dans la rivière Noire, et, après s'être plaint de la fraîcheur de l'eau, après avoir crié qu'on le tirait par les pieds, après avoir invoqué Allah en disant qu'il était un homme perdu, Ioussouf finit par atteindre l'autre bord.

Les deux compagnons se remirent en marche et passèrent successivement l'Alcha et la Velvète.

Au point du jour, ils étaient sur les bords de la rivière Samour.

Le Samour coulait largement : on voyait d'énormes pierres rouler avec ses vagues, et des arbres déracinés suivaient son cours, flottant à sa surface, comme des brins de paille à celle d'un ruisseau.

Cette fois, Iskander céda au conseil d'Ioussouf et s'arrêta.

Les cavaliers mirent pied à terre pour donner à leurs chevaux le temps de se reposer : eux-mêmes se couchèrent sous leurs bourkas.

Mais Ioussouf n'était pas homme à s'endormir sans raconter quelques-unes de ses prouesses.

Iskander l'écouta cette fois sans l'interrompre ni le railler : il sentait venir le sommeil.

L'un racontait ce qui ne s'était jamais passé.

L'autre rêvait à ce qui allait lui venir.

Enfin, voyant qu'il était seul à soutenir la conversation, Ioussouf se décida à s'endormir.

Iskander dormait depuis longtemps.

VII

Moullah-Nour

Il est doux d'être réveillé par le premier rayon de soleil, lorsque ce premier rayon passe à travers un rideau de soie et soulève la couverture noire de la nuit du visage d'une femme qui repose auprès de vous, fraîche comme la goutte de rosée sur une feuille. Mais il est plus doux encore d'ouvrir, après un court sommeil, les yeux sous un ciel serein, et de se trouver tout à coup face avec le visage souriant de la nature. La fiancée est toujours plus belle que la femme ; et qu'est-ce que la nature, sinon la fiancée éternelle de l'homme ?

Iskander souleva lentement ses paupières encore lourdes de rêves, et admira le splendide tableau du matin. Tout autour de lui ondulait la forêt, riche de sa verdure méridionale ; au-dessus de sa tête, brillait et fumait le neigeux Chakh-Dague. À ses pieds, roulait le bruyant Samour, tantôt jaillissant en cascades, tantôt déroulant ses vagues en longs anneaux pareils à ceux d'un serpent pris dans les rochers.

Sur les bords du lit où grondait le fleuve, le rossignol chantait.

Iskander demeura un instant en extase ; mais, juste au moment où le rossignol recommençait sa chanson interrompue, un ronflement effroyable d'Ioussouf vint le ramener à la réalité.

Le nez du dormeur sortait de sa bourka, dont il dépassait la surface de deux ou trois pouces.

Iskander secoua par le nez Ioussouf, qui se réveilla.

– Holà ! qui va là ? demanda Ioussouf en ouvrant vivement les yeux. Ah ! c'est toi... Que le diable t'emporte ! dit-il à Iskander en le reconnaissant. A-t-on jamais vu secouer le nez d'un homme comme un chef de bureau russe secoue la sonnette avec laquelle il appelle ses huissiers. Apprends, Iskander, que, lorsque Allah a fait à un homme la faveur de lui donner un pareil nez, c'est pour qu'il impose à tous le respect et l'admiration. J'admire et je respecte mon nez : partage mes sentiments à mon égard, ou nous nous brouillerons.

– Mon cher Ioussouf, excuse-moi ; mais, quand je suis pressé, je tire les gens par la première chose d'eux que je trouve sous la main. La première, je dirai même la seule chose à toi que j'aie trouvée, le reste étant caché par ta bourka, étant ton nez, je t'ai tiré par là.

– Iskander, mon ami, un jour nous nous fâcherons, et, ce jour-là, je t'en préviens, sera un mauvais jour pour toi. À qui diable en voulais-tu ? Voyons !

– J'en voulais à ce maudit rossignol qui, en chantant, m'empêchait de t'entendre ronfler. Or, mon cher Ioussouf, tu ronfles si harmonieusement, que, près des airs que tu joues naturellement pendant ton sommeil, la djourna géorgienne n'est qu'une trompette de la foire.

– Oui, calme-moi maintenant ; mais puisses-tu toute ta vie ne te repaître que de l'odeur des roses et avoir toutes leurs épines dans la semelle de tes bottes, si jamais...

Iskander l'interrompit.

– Est-ce que tu n'entends rien, Ioussouf ? demanda-t-il.

Ioussouf écouta avec inquiétude.

– Non, rien, dit-il, après un instant, sinon la voix du moullah de Seyfouri.

– Eh bien, que dit cette voix, Ioussouf ? « Réveillez-vous, fidèles musulmans ; la prière vaut mieux que le sommeil. » – Nous avons du chemin à faire, Ioussouf ; prions et mettons-nous en marche.

Ioussouf céda à l'invitation en grommelant. Il lui avait semblé que, dans la discussion, Iskander lui avait cédé du terrain, et cela lui arrivait si rarement, qu'il eût bien voulu profiter de la disposition d'esprit où semblait être son camarade.

Après avoir fait leurs ablutions et leurs prières, nos voyageurs s'apprêtèrent à traverser le fleuve à gué.

L'eau n'était pas très haute ; cependant, pour qui connaît les rivières des montagnes, pour qui, surtout, connaît le Samour, il est reconnu que le passage d'un fleuve est toujours plus dangereux qu'un combat.

Tout dépend, en ce cas, de votre cheval : s'il fait un faux pas, vous êtes perdu.

Mais l'habitude rend tous les voyageurs insoucieux à ces passages, quoique, chaque année, plus d'un y reste pour toujours.

Les deux begs, grâce à leur adresse, à leur habitude de cette sorte d'exercice, et surtout à l'excellence de leurs chevaux, parvinrent sains et saufs sur l'autre rive du Samour.

Ioussouf, qui, pendant tout le temps qu'avait duré le passage, était resté muet comme une tanche, se mit à grogner de nouveau, dès qu'il eut atteint l'autre bord.

– Que le diable soit de cette rivière maudite ! dit-il ; j'y jetterai un cochon ! Et quand on pense qu'en automne et en hiver, elle est tellement à sec, qu'une grenouille qui la traverse ne peut pas arriver à se mouiller les pattes.

– Chez qui nous arrêterons-nous à Seyfouri ? dit Iskander sans écouter les jérémiades de son compagnon, qui, le danger passé, avait déjà oublié le danger. Je n'y connais âme qui vive et il faut y faire déjeuner nos chevaux et y déjeuner nous-mêmes.

– Je brûlerai la barbe avec un bouchon de paille à tous ces gredins-là, répondit Ioussouf. Il est évident que, sans un ordre du gouverneur, pas un d'entre eux ne nous offrira une goutte d'eau ou un radis, nous vît-il tomber de soif ou de faim.

– Les habitants de Seyfouri ne sont ni meilleurs ni pires que ceux de Derbend ; mais il nous reste, au bout du compte, les Tatars.

– Voilà ! nous verrons... Peut-être qu'avec de l'argent nous en obtiendrons quelque chose... Regarde en passant de ton côté dans les cours : j'y regarderai du mien. Peut-être trouverons-nous une barbe grise : les barbes grises valent mieux que les barbes rouges. La barbe grise est d'habitude un starosta, tandis que la barbe rouge est un homme riche. La barbe rouge a presque toujours de l'argent et une jolie femme : deux raisons de fermer la porte à deux beaux garçons comme nous. Et justement, voici ce que je cherchais... Eh ! l'ami, continua Ioussouf s'adressant à une barbe grise, pouvons-nous nous reposer une heure chez vous, et nous mettre un morceau quelconque sous la dent ?

– Êtes-vous de service ou non ? demanda l'homme, grand et sombre Tatar.

– Non, mon ami, non.

– Avez-vous un ordre du gouverneur ?

– Nous avons de l'argent, rien de plus.

– C'est assez pour être les bienvenus chez moi : je reçois souvent des seigneurs du Khoraçan, et, grâce à Allah, jamais ni les cavaliers ni les chevaux n'ont eu à se plaindre d'Agraïne.

Les portes s'ouvrirent ; les voyageurs entrèrent dans la cour, mirent pied à terre, dessellèrent leurs chevaux et leur donnèrent l'avoine.

Disons, en passant, que les habitants du Daghestan sont d'une propreté remarquable, ont presque toujours des maisons de briques, à deux étages, blanchies à la chaux.

C'était une de ces maisons que possédait Agraïne. Il invita ses hôtes à monter au premier étage.

Ioussouf ne se fit pas prier et montra le chemin à Iskander.

À la porte de la première chambre, Agraïne leur prit leurs armes et les déposa contre la muraille, en signe qu'étant chez lui, c'était à lui à pourvoir désormais à leur sûreté.

Cette coutume est tellement répandue, que nos deux voyageurs ne firent aucune difficulté de s'y soumettre.

Entrés dans la chambre, ils n'y virent rien que des pantalons de femme.

Rien n'irrite plus un Asiatique et, en général, un musulman, quel qu'il soit, qu'une question sur sa femme.

Hadji Ioussouf mourait d'envie de questionner son hôte sur ces pantalons ; mais Agraïne était propriétaire d'une de ces physionomies qui arrêtent la raillerie sur les lèvres du mauvais plaisant.

– Ne nous offriras-tu pas une pincée de pilau, mon cher ? demanda-t-il au Tatar.

– Le prophète lui-même n'en a jamais mangé de pareil à celui que ma femme préparait, répondit Agraïne. Allah ! tous mes visiteurs s'usaient les doigts à force de les lécher, tant il était gras.

– Que diable nous chante-t-il là ? demanda Iskander-Beg à son compagnon.

– Je ne sais, mais il semble, parlant comme il parle au passé, que le drôle compte ne nous régaler qu'avec les pantalons de sa femme.

– Pourquoi pas ? dit Iskander. Ils sont assez gras pour cela !

Puis, au Tatar :

– Dis donc, l'ami, fit-il, n'y aurait-il pas moyen d'avoir une assiette de soupe et un morceau de chislik ? Voilà du pain et du fromage, c'est vrai ; mais le pain est bien humide et le fromage bien sec.

– De la soupe ? Et où la prendrais-je, la soupe ? répondit Agraïne. Du chislik ? Et où en prendrais-je, du chislik ? Khan-Mouelle a mangé mes moutons jusqu'au dernier. Ah ! c'était ma femme, c'était ma jeune et belle Oumi, qui le faisait à la bonne manière, le chislik !

Et le Tatar se passa la langue sur les lèvres.

– Et où est-elle, ta jeune et belle Oumi ? demanda Ioussouf.

– Elle est morte et enterrée, répondit le Tatar. Avec elle, j'ai enterré mes cinquante derniers roubles : il ne me reste plus d'elle que ses pantalons, et je pleure sur eux.

Et, en effet, le Tatar prit les pantalons, qu'il baisa en pleurant.

– Un bon souvenir, dit Ioussouf. C'était donc une charmante femme que la jeune et belle Oumi ? Donne-nous à chacun une tasse de lait, et nous la pleurerons avec toi.

– Du lait ? Oh ! il fallait voir ma chère Oumi le faire couler du pis de nos vaches entre ses doigts plus blancs que lui. Mais plus d'Oumi, plus de vaches, et plus de vaches, plus de lait ! et maintenant...

– Maintenant, tu commences à nous ennuyer, mon cher, avec ta jeune et belle Oumi. – Cinquante kopecks si tu nous apportes à chacun une tasse de lait ; sinon, va te promener !

Et il le poussa hors de la chambre.

– Je vendrai ta mère pour deux oignons, vilaine bête ! continua Ioussouf en venant se rasseoir près d'Iskander et en essayant ses dents sur le fromage. Tous les coqs du village chantent dans mon estomac, et ce drôle-là essaye de nous nourrir avec les pantalons de la jeune et belle Oumi. – Bon ! le voilà maintenant qui tripote nos fusils et qui cause avec les passants. – Qu'as-tu à chuchoter avec ce méchant Lesghien, comme une bayadère de Schummak, affreux coquin, au lieu de nous apporter de la nourriture ! Allah me garde ! mais j'ai si grand-faim, que je mangerais le poisson qui a causé le déluge universel en passant du Gange dans la mer. Voyons, apporte-nous vite quelque chose.

– À l'instant, répondit le Tatar.

Et, en effet, quelques minutes après, il rentra, tenant de chaque main une tasse de lait.

Nos voyageurs trempèrent leur pain dans le lait, tandis que leur hôte reprenait ses larmes où il les avait laissées en regardant de nouveau les pantalons de sa femme.

Après avoir fini son frugal repas, Ioussouf jeta soixante kopecks sur les pantalons de la jeune et belle Oumi, et tous deux, remontant à cheval, eurent bientôt, en prenant le chemin des montagnes, laissé derrière eux l'aoul de Seyfouri.

– Regarde donc derrière nous, dit à Iskander Ioussouf toujours aux aguets. Le même Lesghien auquel parlait le tendre Agraïne nous suit des yeux et regarde où nous allons.

En effet, derrière les deux voyageurs, sur une petite éminence, on pouvait reconnaître l'interlocuteur de l'hôtelier tatar.

Mais, lorsque le Lesghien vit qu'à son tour, il était devenu l'objet de l'attention des deux voyageurs, il disparut.

– Eh bien, après ? demanda Iskander.

– Je me défie de ces gueux de Lesghiens, que veux-tu !

– À ton avis, et s'il fallait t'en croire, chaque berger serait un brigand.

– Avec cela que les bergers sont d'honnêtes gens dans ce pays-ci ! Les montagnards assassinent les voyageurs et pillent les caravanes, et les bergers nourrissent les montagnards et recèlent leur butin. Toute la troupe ou plutôt toute la bande de Moullah-Nour, qu'est-ce que c'est ? Des montagnards. Et qui nourrit Moullah-Nour et sa bande ? Les bergers.

– Eh bien, après ? Ton Moullah-Nour et ses montagnards ne sont-ils pas de chair et d'os comme nous ! Le diable m'emporte si tu ne me donnes pas envie de le rencontrer, ton bandit, ne fût-ce que par curiosité et pour voir si, comme on le dit, sa peau est à l'épreuve de la balle.

– Allons, bien ! nous voilà retombés dans la même histoire. Tu n'es ni un chien ni un païen, cependant, pour faire de pareils souhaits. Te semble-t-il donc si lourd de porter ton âme dans ton corps et ta tête sur tes épaules ? Que le diable m'arrache le nez, si je ne préfère pas rencontrer un lion à ce Moullah-Nour... Eh bien, pourquoi t'arrêtes-tu ?

– Si tu n'avais pas si grand-peur, tu n'aurais pas perdu ton chemin. Regarde un peu où tu nous as amenés. Le diable ne passerait pas ici sans lanterne.

Et, en effet, tous deux se trouvaient sur une montagne escarpée formant, pour ainsi dire, le premier échelon du Chakh-Dague. La route y devenait si dangereuse, que nos deux voyageurs furent obligés de mettre pied à terre et de s'accrocher à la queue de leurs chevaux.

On arriva enfin sur un plateau, et, selon son habitude, Ioussouf, qui était resté muet tant que le danger avait existé, se mit, le danger passé, à jurer et à sacrer.

– Que la queue du diable hache cette montagne comme chair à pâté ! dit-il ; que tous les sangliers du Daghestan y fassent leur bouge ! que le tremblement de terre la bouleverse, et que le tonnerre la réduise en poudre, la maudite !

– La faute est à toi, et tu t'en prends à la montagne, dit Iskander en haussant les épaules. Que m'as-tu dit ? « Je connais le chemin comme les poches de ma mère ; je te conduirai dans les défilés du Chakh-Dague aussi facilement que dans les détours du bazar. J'ai joué aux osselets sur tous les rochers et à la fossette dans toutes les cavernes. » M'as-tu dit ou ne m'as-tu pas dit cela ?

– Certainement que je te l'ai dit. Est-ce que je ne suis pas monté, il y a trois ans, au plus haut sommet du Chakh-Dague ! mais, il y a trois ans, il n'était pas aussi escarpé qu'aujourd'hui.

Et, en effet, au point où en étaient arrivés les voyageurs, le Chakh-Dague s'offrait à eux comme une muraille surmontée de blancs créneaux : ces blancs créneaux, c'était la neige.

Les voyageurs comprirent l'impossibilité d'escalader la montagne de ce côté-là.

Ils résolurent de tenter l'entreprise du côté oriental. Seulement, c'était plus facile à résoudre qu'à exécuter. Tout était sauvage et solitaire sur ces pentes escarpées et ardues ; les aigles seuls troublaient par leurs cris cette sombre tranquillité, qui semblait celle de la mort.

Iskander-Beg se retourna vers Ioussouf et le regarda d'un air qui voulait dire : « Eh bien ? »

– Que mille millions de malédictions tombent sur la tête de ce misérable Chakh-Dague ! Ah ! voilà comme il reçoit les visites, le malappris ! Il tire son bachlik sur mes oreilles, s'enferme dans ses murailles et tire à lui son escalier ! Où allons-nous aller maintenant ? sur la montagne ou sous la montagne ? Ma foi ! demande conseil à qui tu voudras, toi, Iskander ; quant à moi, je demanderai conseil à ma bouteille.

Et Ioussouf tira de sa poche une gourde pleine d'eau-de-vie.

– Quel pécheur endurci tu fais, malheureux ! dit Iskander à son compagnon. N'as-tu donc pas assez de ta propre folie, sans y ajouter celle de ce vin ?

– Ce n'est pas du vin ; c'est de l'eau-de-vie.

– Vin ou eau-de-vie, c'est tout un.

– Non pas, distinguons : Mahomet a défendu le vin, mais pas l'eau-de-vie.

– Je crois bien, elle n'était pas inventée du temps de Mahomet : il ne pouvait pas défendre ce qui n'existait pas.

– C'est ce qui te trompe, Iskander. En sa qualité de prophète, Mahomet savait très bien que l'eau-de-vie serait inventée plus tard, ou, s'il ne le savait pas, eh bien, c'est qu'il était un faux prophète.

– Pas de blasphèmes, Ioussouf ! dit Iskander en fronçant le sourcil ; cherchons plutôt notre chemin.

– Notre chemin, il est là, dit Ioussouf en frappant sur sa gourde.

Il approcha la gourde de ses lèvres et avala cinq ou six gorgées de la liqueur dont l'orthodoxie était contestée, en fermant béatement les yeux.

– Ioussouf, Ioussouf, dit Iskander, je te prédis une chose, moi : c'est qu'avec un pareil guide, tu seras plus vite arrivé à l'enfer qu'au ciel.

– Eh bien, que te dirai-je, Iskander ? fit Ioussouf. Avant que j'eusse donné cette accolade fraternelle à ma gourde, je ne voyais pas un seul sentier ; maintenant, brrrou ! j'en vois une douzaine.

– Soit, Hadji Ioussouf ; mais ce n'est pas moi qui les suivrai, tes sentiers, dit Iskander. Prends à droite, prends à gauche, prends par où tu voudras. Moi, je vais essayer de monter tout droit. Si l'un de nous trouve un bon passage, celui-là reviendra ici et appellera son compagnon ou l'attendra. Je prends une demi-heure et t'en donne autant pour notre recherche. Au revoir !

Hadji Ioussouf, échauffé par les cinq ou six gorgées d'eau-de-vie qu'il avait prises, ne daigna pas même répondre à Iskander. Il partit bravement pour chercher son sentier.

Iskander, de son côté, tenant son cheval par la bride, se mit à monter tout droit, comme il avait dit.

Le jour touchait à sa fin.

VIII

Comment Ioussouf arriva, plus tôt qu'il n'aurait voulu, au sommet de la montagne

Juste au-dessus de la place où se séparèrent les deux voyageurs, vers la limite des nuages et des neiges, s'élevait un énorme rocher. Sur son sommet aplati, les hommes et les chevaux trouvaient un asile.

Seize Tatars et un Lesghien étaient couchés autour d'un feu ; autant de chevaux qu'il y avait d'hommes mangeaient l'herbe fauchée avec les poignards.

À quelques pas d'eux, se tenait, couché sur un tapis, un homme de quarante ans à peu près, remarquable par la beauté de son visage et le calme de sa physionomie.

Il était fort simplement vêtu ; seulement, – signe non pas de richesse, mais des habitudes d'une vie guerrière, – l'or et l'argent brillaient sur la monture de son fusil et sur le fourreau et la poignée de son kandjar.

Il fumait une chibouque et regardait avec amour un jeune garçon qui dormait à ses genoux. Tantôt il soupirait en secouant la tête, tantôt il soupirait péniblement en jetant un regard curieux autour de lui.

C'était Moullah-Nour, le fléau du Daghestan ; le brigand Moullah-Nour avec sa bande.

Tout à coup, il aperçut Ioussouf, qui, à mille pieds au-dessous de lui, cherchant toujours un sentier pour gravir le Chakh-Dague, s'avançait avec précaution au milieu des pierres.

Pendant quelque temps, Moullah-Nour, se soulevant sur le coude, suivit des yeux le voyageur ; puis il sourit et, se penchant à l'oreille du jeune garçon, il lui dit :

– Réveille-toi, Goulchade.

Goulchade, en tatar, veut dire *la rose*.

Le jeune homme ouvrit les yeux en souriant lui-même.

– Goulchade, lui dit Moullah-Nour, veux-tu que je te salue

jusqu'à terre ?

– Je le veux bien, dit le jeune homme, et ce sera une nouveauté pour moi que de te voir à mes pieds.

– Doucement, doucement, Goulchade ! Avant le miel de l'abeille, il y a l'aiguillon. Regarde en bas.

Le jeune homme baissa les yeux dans la direction indiquée par Moullah-Nour.

– Vois-tu ce voyageur qui passe ?

– Sans doute que je le vois.

– Je connais son nom et son cœur. Il est intrépide comme un léopard ; c'est le premier tireur de Derbend... Va à lui, désarme-lui les mains et amène-le-moi. Si tu fais cela, je serai ton serviteur pour toute la soirée, et, devant tous les camarades, je te rendrai hommage. Voyons, y consens-tu ?

– Très bien, répondit Goulchade.

Et le jeune homme sauta sur un vigoureux petit cheval de montagne et s'élança par un étroit sentier qui semblait plutôt une ligne tracée au crayon qu'un chemin creusé dans le rocher.

On entendait encore les pierres rouler sous les pieds de son cheval, mais lui, on ne le voyait plus.

Tous les compagnons de Moullah-Nour regardèrent en bas, curieux de voir ce qui allait se passer.

Le chef était plus attentif que tous les autres.

Peut-être regrettait-il d'avoir exposé le jeune homme à ce danger ; car, lorsque Goulchade ne fut plus qu'à quelques pas d'Ioussouf, sa pipe lui échappa des mains, et l'anxiété se peignit sur sa figure.

Hadji Ioussouf n'avait aucune idée de ce qui se passait, ou plutôt de ce qui allait se passer. Surexcité par les quelques gorgées d'eau-de-vie qu'il avait bues, il tâchait de se rassurer lui-même en se parlant tout haut, et se regardait comme plus brave que Schinderhannes ou Jean Sbogar.

– Oh ! oh ! disait-il, non, ce n'est pas pour rien que mon fusil porte cette inscription : *Prends garde, je respire la flamme.* Je brûlerai la barbe au premier bandit qui osera se placer sur mon chemin. Au reste, je n'ai rien à craindre : ma cuirasse est à l'épreuve de la balle. Mais où sont-ils donc, ces bandits ? où sont-ils donc, ces brigands ? Ils se cachent, les poltrons ! Sans doute qu'ils m'ont vu. Par Allah ! je déteste les poltrons, moi !

Et, tout à coup, comme, en arrivant au tournant d'une route, il faisait ronfler la dernière syllabe de sa phrase dans sa bouche, il entendit une voix rude qui lui criait :

– Halte là et à bas de cheval !

Et, comme il relevait la tête tout éperdu, il aperçut à dix pas de lui le canon d'un fusil braqué sur sa poitrine.

– Allons, allons, à bas de cheval, et lestement ! lui cria-t-on pour la seconde fois, d'une voix qui lui parut encore plus rude que la première ; et ne t'avise pas de mettre la main ni à ton fusil ni à ta schaska. Si tu essaies de fuir, je fais feu. Le fusil d'abord !

– Non seulement mon fusil, mais mon âme, seigneur bandit, répondit Ioussouf tout tremblant. Je suis un bon garçon, incapable de faire du mal à qui que ce soit. Ne me tuez pas, et je serai votre serviteur. Je prendrai soin de votre cheval et je brosserai vos habits.

– Le fusil ! le fusil ! dit la voix.

– Le voilà, dit Ioussouf en le posant d'une main tremblante sur le rocher.

– Les autres armes, maintenant : la schaska, le kandjar, le pistolet.

– Voilà, disait à chaque mot prononcé, et en jetant à terre l'arme désignée par le bandit, le malheureux Ioussouf.

– Maintenant, retourne tes poches.

Ioussouf jeta près de ses armes tout ce qu'il avait d'argent, implorant, tout en accomplissant les ordres qui lui étaient donnés, la clémence du bandit.

– Je te coupe la langue et je la jette aux chiens, si tu ne te tais pas, dit Goulchade. Tais-toi, ou sinon je te ferai taire pour toujours.

– Excusez-moi, seigneur brigand : je ne dirai plus un mot, si telle est votre volonté.

– Tais-toi, te dis-je !

– J'écoute et j'obéis.

Mais ce fut seulement lorsque Goulchade dirigea son pistolet sur Ioussouf que celui-ci cessa de perler.

Goulchade lui attacha les mains, lui prit ses armes et le fit marcher vers le plateau où Moullah-Nour et ses compagnons attendaient la fin de cette comédie.

Après une ascension d'un quart d'heure, Ioussouf était devant le chef des brigands.

Ses compagnons formaient un cercle autour de lui : tous gardaient un silence menaçant.

Goulchade déposa aux pieds de Moullah-Nour les armes d'Ioussouf.

Alors Moullah-Nour salua trois fois Goulchade jusqu'à terre, et, la troisième fois, le baisa au front.

Puis, se tournant vers Ioussouf :

– Sais-tu qui t'a désarmé, Ioussouf ? lui demanda-t-il.

Ioussouf frémit de tout son corps au son de cette voix.

– Le brave des braves, le fort des forts ! Que pouvais-je contre lui, devant qui le lion deviendrait un lièvre, et Goliath un enfant de huit jours ?

Les bandits éclatèrent de rire.

– Regarde ce brave des braves, ce fort des forts, dit Moullah-Nour en enlevant son papak blanc de dessus la tête de Goulchade.

Et les longs cheveux noirs de celle-ci se déroulèrent sur ses épaules, et la jeune fille devint rose comme la fleur dont elle portait le nom.

Moullah-Nour lui ouvrit ses bras, et elle se jeta sur la poitrine du brigand.

– Ioussouf, dit Moullah-Nour, j'ai l'honneur de te présenter ma femme.

Un éclat de rire immense retentit aux oreilles du malheureux prisonnier.

Il devint pourpre de honte, et cependant, ayant rappelé ses forces :

– Fais-moi grâce, mon maître, dit-il ; ne me vends pas dans les montagnes ; je puis te payer une bonne rançon.

Les sourcils de Moullah-Nour se réunirent, sombres comme deux nuages chargés d'électricité.

– Sais-tu à qui tu proposes une rançon, peau de lièvre ? cria-t-il à Ioussouf. Penses-tu, misérable, que je suis un boucher de Derbend, que je vends de la viande pourrie pour de la viande fraîche ? Crois-tu que je demanderai pour toi de l'or quand tu ne vaux pas un grain de plomb ? Pourquoi te vendrais-je dans les montagnes ? – Chien sans queue, à quoi es-tu bon ? Pas même à creuser la terre avec ton nez. Tu me diras que tu peux, aussi bien qu'une nourrice ou une vieille gouvernante, faire aux petits enfants des contes d'ogres et de géants ; mais, pour cela, il faudrait t'habiller en femme, et, au lieu de les amuser, ces pauvres innocents, tu leur ferais peur. Eh bien, Ioussouf, tu vois que je te connais ; tu vois que je ne suis pas complimenteur. Maintenant, à ton tour, dis-moi ce que tu penses de moi. Je suis Moullah-Nour.

En entendant ce nom terrible, Hadji Ioussouf tomba la face contre terre, comme s'il était frappé de la foudre.

– Allah ! dit-il, tu veux que je te dise ce que je pense de toi, que je te juge, moi qui serais fier de faire mes ablutions avec la poussière de tes pieds? Que Hussein et Ali m'en préservent !

– Écoute, Ioussouf, dit Moullah-Nour, et souviens-toi de ceci, c'est que j'ai horreur de répéter deux fois le même commandement. Je t'ai demandé une première fois ce que tu penses de moi : je te le demande une seconde ; mais songe que c'est la dernière. J'écoute.

– Ce que je pense de toi ? Que le diable me brise la tête comme une noisette, si je pense de toi rien dont tu aies à te plaindre. Moi penser du mal de toi ! moi, un zéro ! moi, un grain de poussière !

– Ioussouf, dit Moullah-Nour en frappant la terre du pied, je t'ai dit que je n'avais jamais répété le même ordre trois fois.

– Ne te fâche pas ! ne te fâche pas, grand Moullah-Nour ! ne me consume pas du feu de ta colère. Ton désir a changé les idées de mon cerveau en perles ; mais ces perles ne sont que du verre, en comparaison de tes qualités. Ce que je pense de toi, illustre Moullah-Nour ? Eh bien, puisque tu le veux, je vais te le dire. Je pense que ton esprit est un fusil orné d'or et d'argent, chargé par la sagesse, qui tire avec la vérité et qui ne manque jamais son coup ; je pense que ton cœur est un flacon d'essence de rose qui verse à chacun le parfum de tes vertus ; je pense que ta main sème le bien avec autant de profusion que le laboureur sème le blé ; je pense que ta langue est une branche chargée des fleurs de la justice et des fruits de la bonté. Je t'entends déjà me dire : « Retourne à ta maison, mon bon Ioussouf, et souviens-toi toute ta vie de Moullah-Nour. » – Eh bien, est-ce cela, grand homme ?

– Il n'y a rien à dire, tu es un grand orateur, Ioussouf. Seulement, tu es un mauvais devin, et, pour te prouver que tu as menti, voici mon arrêt : pour cela qu'étant beg, tu te laisses désarmer, lier, faire prisonnier par une femme...

– La Mort n'est-elle pas femme aussi, interrompit Ioussouf, et plus terrible que les hommes les plus terribles ?

– Laisse-moi finir, Ioussouf, ce ne sera pas long. Pour cela que celui qui a une telle peur de la mort n'est pas digne de la vie, tu mourras.

Ioussouf poussa un gémissement.

– Demain sera le dernier matin de ta vie, et, si tu dis un seul mot, si tu pousses une seule plainte, s'il t'échappe un seul murmure, ajouta Moullah-Nour en portant la main à son poignard, tu ne verras pas même demain. Allons, qu'on le lie mieux qu'il n'est lié ; qu'on le conduise dans la caverne et qu'on l'y laisse seul. Là, il parlera en liberté et tant qu'il voudra.

Moullah-Nour fit un signe, et le pauvre Ioussouf fut enlevé et emporté comme un sac de farine.

– Il mourra de peur avant demain, dit Goulchade à son amant. Ne l'épouvante pas ainsi, mon bien-aimé.

– Bon ! répondit Moullah-Nour en riant, ce sera une leçon pour lui ; il apprendra, le lâche ! qu'on ne se sauve point par la crainte. Le poltron meurt cent fois ; le brave, une seule, et encore il y met le temps.

Alors, se retournant vers les bandits :

– Mes enfants, dit-il, je vous laisse pour une heure : si quelque chose m'arrivait, si, par hasard, je ne revenais point, eh bien, Goulchade vous conduirait. Elle a prouvé aujourd'hui qu'elle est digne de commander à des hommes. Malheur donc à celui qui ne l'écouterait pas ! Adieu, Goulchade, ajouta-t-il en serrant la jeune femme contre son cœur et en la baisant sur le front ; et je te dis adieu, et je t'embrasse, parce que je vais avoir une rencontre un peu plus sérieuse que la tienne. Depuis longtemps je désirais mesurer ma force avec celle d'Iskander-Beg, et, grâce à mon nouker, je sais où le rencontrer. Si je ne reviens pas avant la nuit, cherchez, par mes traces, mon corps dans les montagnes et tâchez de le retrouver, afin que je ne sois pas mangé par les chacals, comme un cheval crevé. Si vous entendez des cris et des coups de fusil, que personne ne bouge. Si Iskander me tue, que personne ne me venge. Celui qui aura tué Moullah-Nour doit vous être sacré, car ce sera un brave. Je vais en chasse ; adieu.

Il jeta son fusil sur son dos et partit.

IX

Le précipice

Pendant ce temps, Iskander-Beg avait trouvé un sentier qui contournait la montagne.

À sa droite, s'enfonçait un précipice ; à sa gauche, se dressaient des rochers brisés en quelques endroits par la foudre.

Seulement, il n'y avait pas de retour pour l'intrépide voyageur. Il lui fallait toujours aller en avant. Le chemin était trop étroit pour qu'un cheval pût tourner ; et il allait en avant.

Enfin, il arriva à un rocher sous la voûte duquel il fallait passer.

Sous cette voûte, le chemin manquait ; mais un morceau de glace, détaché de la montagne, formait un pont fragile et transparent.

Au-dessous de ce pont, au fond de l'abîme, grondait un torrent.

Le jeune homme s'arrêta : une seconde, il pâlit et la sueur mouilla son visage ; mais le souvenir de Kassime lui rendit son sang-froid.

Puis son œil exercé avait reconnu sur la glace la trace d'un cheval. Il y poussa le sien en le pressant des genoux et de la voix. En passant vite, il pesait moins.

Il entendait derrière lui la glace brisée tomber dans le précipice.

Enfin, il respira plus librement en voyant, de l'autre côté de la voûte, la lumière, rendue plus brillante encore par la réflexion de la neige.

Mais, tout à coup, dans l'encadrement de cette voûte, un cavalier lui apparut. Par un effet d'optique, ce cavalier lui sembla un géant.

– Arrête et jette tes armes, ou tu es mort ! cria le cavalier à Iskander ; je suis Moullah-Nour.

Étonné d'abord de cette rencontre inattendue, Iskander avait retenu son cheval ; mais, en entendant le nom de Moullah-Nour, un danger lui fit oublier l'autre.

Il pressa son cheval et, détachant son fusil de son épaule :

– Tu es Moullah-Nour ? dit-il. Eh bien, hors de mon chemin, Moullah-Nour ! Tu vois bien qu'il n'y a pas ici de place pour deux.

– Que Dieu décide alors qui passera, dit le brigand en dirigeant son pistolet contre la poitrine d'Iskander, qui n'était plus qu'à dix pas de lui. Tire le premier.

– Tire toi-même ; je ne me cache pas, il me semble, derrière mon cheval...

Ils restèrent ainsi quelques secondes en face l'un de l'autre, chacun tenant son arme levée et attendant que l'autre fit feu.

Puis tous deux abaissèrent le canon, l'un de son fusil, l'autre de son pistolet.

– Allons, tu es brave, Iskander ! dit Moullah-Nour, et l'on ne prive pas un brave de ses armes. Donne-moi ton cheval et va où tu voudras.

– Prends d'abord mes armes et ensuite tu prendras mon cheval ; mais, tant qu'il y aura une charge de poudre dans mon fusil, tant que l'âme sera dans mon corps, la main de la honte ne prendra pas mon cheval par la bride.

Moullah-Nour sourit.

– Je n'ai besoin ni de ton fusil, ni de ton cheval, dit-il ; je désire simplement que tu fasses ce que je veux. Ce n'est pas pour un misérable butin que Moullah-Nour s'est fait chef de brigands ; c'est parce qu'il a pris l'habitude de commander. Malheur donc à qui n'obéit pas à son commandement ! J'ai bien des fois entendu parler de toi ; on m'a bien souvent vanté ton courage, et maintenant je vois par moi-même que tu es brave, Iskander. Mais ce n'est pas pour rien que je suis venu me mettre sur ta route. Nous ne nous séparerons pas que nos sabres ne se soient croisés. Voilà mon dernier mot. Salue-moi ; dis, en me tendant la main : « Soyons amis », et le chemin est à toi.

– Tiens, voici ma réponse, dit Iskander en portant son fusil à son épaule et en lâchant la détente.

Mais le coup ne partit pas : sans doute, une goutte d'eau tombée de la voûte avait mouillé l'amorce.

Iskander, furieux, rejeta son fusil sur son épaule, tira son pistolet de sa ceinture et fit feu.

La balle alla s'aplatir sur les cartouchières d'argent qui ornaient la tcherkesse de Moullah-Nour.

Celui-ci ne bougea point ; il croisa les bras et répondit par un rire moqueur à la colère d'Iskander-Beg.

– Oh ! rien ne te sauvera, brigand ! s'écria celui-ci.

Et, la schaska levée, il fondit sur Moullah-Nour.

Le sabre de Moullah-Nour sortit du fourreau, rapide comme l'éclair qui jaillit du nuage.

La lame d'Iskander siffla au-dessus de la tête du brigand, et le coup tomba comme la colère de Dieu.

Alors, avec un bruit horrible, le pont de glace se brisa sous les pieds des deux combattants. Le cheval d'Iskander s'était dressé sur ses pieds de derrière au moment où le sabre de son maître s'abattait sur la tête de Moullah-Nour ; mais le brigand ne fut pas atteint.

Il s'était abîmé dans le précipice.

Iskander-Beg, renversé en arrière, s'était retenu à une aspérité du rocher : il s'y cramponna doublement en sentant son cheval qui se dérobait en quelque sorte sous lui. Le pont de glace s'inclinait et le cheval glissait sur la pente rapide.

L'animal fit un effort suprême, rassembla toute sa vigueur dans ses jarrets de derrière, et, poussé par leur ressort d'acier, franchit l'ouverture béante et retomba de l'autre côté du gouffre, tout ruisselant de sueur, tout tremblant d'effroi.

Heureusement, Iskander avait dégagé ses pieds des étriers. Avec le poids du cavalier, le cheval n'eût pu franchir l'abîme. Derrière lui, sous lui, le pont de glace se précipita avec un bruit affreux. Le gouffre hurla de joie, comme un tigre qui dévore sa proie ; puis un silence mortel succéda à ce rugissement.

Iskander était resté suspendu à la voûte.

Au-dessous de lui, démasquée par la rupture de la couche de glace, une roche surplombait. Elle présentait une surface de deux ou trois pieds. Tout autour d'elle, flottait le vide.

Iskander sentait ses bras s'engourdir, ses nerfs se crisper. Il sentait qu'il ne pourrait se soutenir longtemps ainsi ; s'il lâchait le rocher, malgré lui il était perdu.

Il calcula la distance avec l'œil et le calme d'un montagnard, détendit ses bras pour diminuer cette distance de toute leur longueur et se laissa tomber verticalement sur le rocher.

Il resta debout sur ce piédestal de granit, pareil à la statue de bronze de la Volonté.

Il était sauvé, du moins momentanément ; mais, pour échapper au vertige, il fut forcé de fermer un instant les yeux.

Il ne tarda pas à les rouvrir pour regarder autour de lui et chercher une issue.

Cette excroissance de rocher, si l'on peut parler ainsi, s'étendait à l'extérieur, glissante, ruinée en certains endroits, et cependant praticable à un pied montagnard.

En se cramponnant avec les mains et avec les pieds, Iskander parvint à accomplir un demi-cercle autour de l'immense colonne.

Il se trouva alors sur la pente extérieure du ravin.

Remonter jusqu'au chemin qu'il avait suivi pour venir était impossible. Autant eût valu essayer de gravir une muraille.

Il ne lui restait donc d'autre ressource que de descendre au fond du précipice et, arrivé là, de suivre le torrent jusqu'à ce qu'il trouvât un sentier praticable.

Puis Iskander-Beg était tourmenté d'une idée : savoir ce qu'était devenu Moullah-Nour.

C'était un brave, après tout, que ce Moullah-Nour, tout brigand qu'il était. S'il n'était que blessé, il fallait lui porter secours ; s'il était mort, il fallait sauver son cadavre de la dent des animaux féroces.

Pour tout autre qu'Iskander ou un montagnard né sur la pente d'un abîme, cette descente était impossible.

Iskander l'entreprit.

La route ou plutôt le sentier qu'il avait suivi avec son cheval était coupé, comme nous l'avons dit, par une profonde gerçure sur laquelle était jeté le pont de glace qui s'était brisé sous les pieds des chevaux. Il gagna l'angle de cette gerçure et descendit à l'aide de ses aspérités.

Il mit plus d'une heure à faire un quart de verste.

Enfin, il toucha le fond ; alors seulement, il osa regarder au-dessus de sa tête.

Moullah-Nour, en tombant d'une hauteur de cinq cents pieds peut-être, avait crevé plusieurs ponts de glace superposés les uns aux autres et avait fini par s'ensevelir dans une immense couche de neige, de laquelle, comme d'un glacier, sortait le torrent.

Cette neige, sans avoir la solidité du roc ou de la glace, pouvait cependant porter le poids d'un homme.

Iskander s'y aventura, au risque de s'y engloutir. Un jour pâle et blafard pénétrait seul dans cette crevasse. Il y faisait sombre et froid.

Bientôt, aux ponts brisés au-dessus de sa tête, il reconnut qu'il devait être arrivé à la place où était tombé Moullah-Nour.

Cheval et cavalier avaient creusé, en tombant, un immense entonnoir dans la neige. Iskander s'y laissa glisser et sentit une résistance sous ses pieds.

Il venait de rencontrer le cheval, dont la tête était complètement brisée.

Il chercha l'homme et sentit un bras. Il tira ce bras à lui en se faisant un point d'appui du corps du cheval, et finit par attirer le corps hors de la couche de neige où il était enseveli.

Moullah-Nour était pâle comme un mort : il avait les yeux fermés, il ne respirait plus.

Cependant, aucun membre n'était brisé ; aucune blessure sérieuse n'apparaissait. En vertu des lois de la pesanteur, la chute de l'animal avait précédé celle de l'homme en lui frayant le chemin. Le cheval avait sauvé le cavalier.

Iskander parvint à charger le corps sur ses épaules, à sortir de l'entonnoir de neige, et à regagner le fond de la vallée.

Il frotta le visage de Moullah-Nour avec son habit, lui frappa violemment dans la paume de la main, lui secoua de l'eau glacée au visage.

Moullah-Nour resta évanoui.

– Attends, attends, murmura Iskander, si tu n'es pas mort, je vais te réveiller, moi.

Il s'assit, posa la tête de Moullah-Nour sur un de ses genoux, chargea son pistolet et le lui tira à l'oreille.

Le bruit retentit comme un coup de tonnerre.

Moullah-Nour ouvrit les yeux et fit un mouvement pour porter la main à son kandjar.

– Ah ! je le savais bien ! murmura Iskander.

La main de Moullah-Nour ne put accomplir le mouvement entier et retomba près de lui.

Son œil resta ouvert mais vague ; sa bouche essaya d'articuler des sons ; mais sa langue n'obéissait pas.

Enfin, il poussa un soupir : la pensée, en rentrant dans son cerveau, illumina ses yeux d'un éclair d'intelligence. Son regard se fixa sur Iskander : il le reconnut, comprit qu'il lui devait la vie, fit un effort, et murmura :

– Iskander-Beg !

– Ah ! dit celui-ci, c'est bien heureux ! Oui, Iskander-Beg, qui ne veut pas que tu meures, entends-tu ? parce que tu es un brave ; que les chacals et les renards sont communs, mais que les lions sont rares.

Une larme mouilla la rude paupière du brigand ; il serra la main d'Iskander.

– Après Dieu, lui dit-il, c'est à toi que je dois la vie : à toi donc, comme à Dieu, mon éternelle reconnaissance. Ce n'est point de ma vie que je te remercie, c'est de la tienne que tu as exposée pour me sauver. Les hommes m'ont insulté, méprisé, trahi ; je leur devais le malheur : je les ai payés en haine. La nature m'a donné beaucoup de mauvais instincts ; les hommes m'en ont plus attribué que la nature ne m'en avait donné ; mais ni mes amis ni mes ennemis ne peuvent accuser Moullah-Nour d'être un ingrat. Écoute, Iskander, ajouta le bandit en se soulevant : le malheur suit tout le monde ; il se peut qu'un jour il tombe sur toi. Mon cœur et ma main sont à ton service, Iskander, et ce cœur et cette main ne craignent rien au monde. Je vendrai et laisserai couper ma tête pour te sauver. D'ailleurs, à l'œuvre tu me jugeras... Voyons, maintenant, ce que j'ai de cassé.

Le bandit se souleva et, après quelques efforts, se trouva sur ses pieds. Il tâta ses bras l'un après l'autre, puis ses cuisses, puis ses jambes ; fit quelques pas en chancelant, c'est vrai, mais fit quelques pas.

– C'est la tête, dit-il, qui est encore un peu troublée, mais rien au corps, par ma foi ! Allons, allons ! Allah m'a gardé ! il paraît que je suis nécessaire encore à ses desseins sur la terre.

– Et maintenant, demanda Iskander, par où allons-nous sortir d'ici ?

– Tu m'y fais penser, dit Moullah-Nour, mais je suis obligé de te dire cette chose qui coûte tant à dire aux hommes ; je n'en sais rien.

– Nous ne pouvons pas cependant mourir de faim ici, dit Iskander.

– D'abord, avant de mourir de faim, nous mangerons mon cheval, puis le tien ; car, au milieu de ma chute, quoique je ne visse pas grand-chose, je l'ai vu bien près de me suivre.

– Non, par bonheur, dit Iskander avec un véritable sentiment de joie, mon pauvre Karabach est sauvé... Et tiens, par Allah ! le voilà qui hennit.

Tous deux se tournèrent du côté d'où partait le hennissement, et ils virent le cheval qui venait à eux en suivant le lit du torrent.

– Sur ma foi, dit Moullah-Nour, tu demandais par où nous sortirons d'ici : voilà ton cheval qui nous répond ; par où il est descendu, c'est bien le diable si nous ne montons pas.

Iskander, tout joyeux, allait au-devant de son cheval. Celui-ci, de son côté, accourait à son maître avec autant de rapidité que le permettait la difficulté du chemin.

Lorsque le cheval et le cavalier furent l'un près de l'autre, l'homme prit la tête de l'animal entre ses bras et l'embrassa comme il eût embrassé un ami. Le cheval hennissait de plaisir ; l'homme pleurait de joie.

– Là ! dit Moullah-Nour, qui les avait regardés en souriant, maintenant que la reconnaissance est faite, si tu veux demander le chemin à ton cheval, rien ne nous arrête plus ici, ce me semble.

Iskander lâcha devant lui son Karabach, comme il eût fait d'un chien, et sans doute celui-ci comprit le service que l'on attendait de son intelligence, car il reprit la même route par laquelle il était venu.

À une demi-verste à peu près, il s'arrêta, flaira la terre, regarda au-dessus de sa tête, et, sans hésitation, s'engagea dans la montagne.

En y regardant bien, on reconnaissait un petit sentier, à peine perceptible, frayé par les chèvres sauvages qui descendaient boire au torrent.

Le cheval s'y engagea le premier.

– Suis mon cheval et tiens-toi à sa queue, je ne dirai pas si la tête te tourne, mais si les jambes te manquent.

Mais Moullah-Nour secoua la tête.

– Je suis chez moi, dit-il, la montagne est ma maison : c'est à moi de te faire les honneurs de ma maison ; passe le premier.

Iskander suivit son cheval. Au bout d'une demi-heure d'une montée presque impossible, ils se retrouvèrent dans le sentier qu'avait suivi le bandit pour venir au-devant d'Iskander.

Ce sentier conduisait naturellement à la plate-forme où Moullah-Nour avait laissé Goulchade et ses compagnons.

Le soleil venait de se coucher : Goulchade et les compagnons du bandit, ne le voyant pas revenir dans le délai qu'il avait fixé, allaient se mettre à sa recherche.

Goulchade se jeta au cou de son amant ; ses compagnons l'entourèrent.

Mais Moullah-Nour écarta Goulchade, repoussa ses compagnons, et fit entrer Iskander dans ce cercle de visages joyeux, qui s'assombrirent de nouveau à sa vue.

– Voilà mon frère aîné, dit-il à ses compagnons. Vous lui devez, à partir de ce moment, les trois choses que vous m'avez jurées à moi-même : l'amour, le respect et l'obéissance. Partout où il rencontrera l'un de vous, il pourra lui commander comme moi. Qui lui rendra un service, si petit qu'il soit, sera mon créancier, et aura le droit d'en exiger le prix avec usure. Celui qui lui en rendra un grand, je lui serai redevable jusqu'à la mort ; mais celui qui touchera un cheveu de sa tête, celui-là ne se sauvera de ma vengeance ni dans le fond de la mer, ni dans le tombeau, j'en fais le serment, et que le diable m'arrache la langue avec ses griffes, si ce serment je ne le tiens pas ! Maintenant, soupons.

On étendit un tapis et l'on servit un mauvais souper. La préoccupation qu'avaient les bandits de l'absence de leur chef avait fait que l'on s'était peu occupé du repas.

Goulchade, selon la coutume des femmes tatares, ne mangeait pas avec son amant. Elle se tenait timidement debout et adossée au rocher.

Iskander vit son œil humide de tristesse : il demanda pour elle place au tapis.

– C'est juste, dit Moullah-Nour ; aujourd'hui, Goulchade est un homme et non une femme.

Le souper terminé, Iskander, ému par la beauté d'une nuit d'été, touché des attentions fraternelles que lui prodiguait Moullah-Nour, ne put retenir le secret qui lui gonflait la poitrine. Il raconta son amour pour Kassime.

– Oh ! dit-il, si je pouvais m'envoler dans l'avenir comme un oiseau, pour un mois seulement, comme j'amènerais Kassime sur ce sommet ! comme je lui montrerais tout ce que j'ai honte et tristesse de regarder seul, tant est beau tout ce que je vois ! Je me fusse réjoui de son admiration, et, quand elle eût dit : « C'est splendide ! » je l'eusse pressée sur mon cœur, en disant : « C'est beau, mais, toi, tu es plus belle, toi, tu es meilleure que tout au monde ! toi, je t'aime plus que la montagne, plus que la vallée, plus que les torrents, plus que la nature entière ! » Tu vois, Moullah-Nour, comme la terre, doucement éclairée par la lune, s'endort au milieu des mille sourires de la création. Eh bien, je crois que c'est encore plus doux à l'homme de s'endormir sous les baisers de la femme qu'il aime. Tu es heureux, toi, Moullah-Nour ; tu es libre comme le vent. L'aigle te prête ses ailes pour passer par-dessus les plus hauts sommets. Tu as une intrépide compagne : cela ne m'étonne pas, mais je te porte envie.

Moullah-Nour secoua tristement la tête en écoutant le jeune homme qui lui parlait ainsi du seuil de la vie.

– Chacun a sa destinée, répliqua-t-il ; mais, crois-moi, Iskander, n'envie pas la mienne, et surtout ne suis pas mon exemple. Il est dangereux de vivre avec les hommes ; mais il est triste de vivre sans eux. Leur amitié, c'est l'opium qui enivre et qui endort ; mais, crois-moi, il est amer de vivre avec leur haine. Ce n'est point ma volonté, c'est le sort qui m'a rejeté hors de leur cercle, Iskander. Un ruisseau de sang nous sépare, et il n'est plus en mon pouvoir de le franchir. La liberté est un don du ciel, le plus précieux de tous, je le sais ; mais le proscrit n'a pas la liberté : il n'a que l'indépendance. Oui, je suis le maître de la montagne ; oui, je suis le roi du steppe ; mais j'ai un empire peuplé de bêtes sauvages seulement. Il y avait un temps où je haïssais les hommes, où je les méprisais ; aujourd'hui, mon âme est lasse de mépriser et de haïr. On me craint, on tremble à mon nom ; la mère s'en sert pour calmer son enfant qui pleure ; mais la terreur qu'on inspire est un joujou qui, comme tous les autres, lasse rapidement. Sans doute, on a la joie d'abaisser les hommes, de railler tout ce qu'ils vantent, de découvrir leurs bassesses en ouvrant des sépulcres blanchis. Cela rend fier pour un moment : on se sent plus criminel et cependant moins méprisable que les autres. Ce sentiment réjouit pour une heure et attriste pour un mois. L'homme est mauvais, mais, au bout du compte, l'homme est le frère de l'homme. Regarde autour de nous, Iskander. Elles sont larges, les montagnes ; elles sont fraîches, les forêts ; elles sont riches, les terres du Daghestan ; mais la montagne n'a pas une caverne ; la forêt n'a pas un arbre, la plaine n'a pas une maison où je puisse reposer ma tête et me dire à moi-même : « Là, il t'est permis de dormir tranquillement, Noullah-Nour ; là, tu ne seras pas frappé pendant ton sommeil d'une balle ennemie ; là, tu ne seras pas garrotté comme une bête sauvage ! » Vos villes sont peuplées et souvent regorgent d'habitants ; cependant, riche ou pauvre, chacun y trouve sa place, son toit qui le met à couvert de la pluie, qui l'abrite contre le froid. Moi, ma bourka seule est ma maison, mon toit, mon abri. La ville ne me donnera pas même un coin de terre pour y déposer mes os. Le chagrin est comme la femme du khan : elle sait marcher sur des tapis de velours ; mais, comme la chèvre, elle doit savoir sauter aussi de rocher en rocher. Le chagrin, c'est mon ombre, et, tu le vois, mon ombre m'accompagne, même ici !

– Tu as beaucoup souffert, Moullah-Nour ? demanda Iskander avec intérêt.

– Ne m'en fais pas souvenir, ami. Lorsque tu passeras le rocher dans les entrailles duquel je me suis englouti et d'où tu m'as tiré, ne lui demande pas si c'est la foudre ou la gelée qui a creusé un gouffre dans son granit, mais passe vite, son pont est fragile et peut crouler sous toi. On sème des fleurs dans les jardins, mais on n'y enterre pas les morts. Non, je ne veux pas assombrir le matin avec les orages du midi. Ce qui fut a été ; rien ne peut être changé au passé, même par la volonté d'Allah. Bonne nuit, Iskander ! et Dieu fasse que personne ne rêve ce que j'ai souffert en réalité. Je te montrerai demain le chemin le plus court pour arriver au Chakh-Dague. Bonne nuit !

Et il se coucha dans sa bourka ; les autres dormaient depuis une heure.

Iskander fut longtemps à trouver le sommeil ; il songea longtemps aux événements de la journée et aux sombres paroles de Moullah-Nour.

Puis, une fois endormi, il fut agité par les plus terribles rêves. Il lui semblait tantôt qu'une balle traversait sa poitrine, tantôt qu'il roulait dans un abîme sans fond.

Nos rêves, c'est le souvenir du chemin que nous avons parcouru : c'est le trouble et l'agitation des événements passés.

Il n'y a qu'un sommeil sans rêve : le fort sommeil, c'est-à-dire la mort.

X

Où Ioussouf raconte ce qu'il n'a pas vu, mais se garde bien de raconter ce qu'il a vu

Le soleil, en colorant le sommet de la montagne, réveilla Moullah-Nour et ses hommes. Tous se mirent d'abord en prière, puis commencèrent à fourbir leurs armes, à étriller leurs chevaux et à préparer le déjeuner.

– Ton compagnon de voyage a passé une mauvaise nuit, dit en riant Moullah-Nour à son hôte.

– Comment ! Ioussouf ? demanda celui-ci.

– Ioussouf en personne.

– Tu sais donc où il est ?

– Je m'en doute.

– Je t'ai prié deux fois hier de le faire chercher, tu ne m'as rien répondu.

– Parce que je savais où le trouver.

– Et où est-il ?

– À cinquante pas d'ici.

– Que comptes-tu faire de lui ?

– Absolument rien ! te le rendre ; c'est toi qui en feras ce que tu voudras. – Eh ! mes braves, continua Moullah-Nour en s'adressant à ses hommes, portez quelque chose à manger à notre prisonnier, et dites-lui que Moullah-Nour ne veut pas le faire mourir à jeun.

Alors il raconta à Iskander comment Goulchade avait arrêté Ioussouf, l'avait forcé de rendre ses armes, et l'avait ramené prisonnier.

Quand le déjeuner fut fini, Moullah-Nour prit la main d'Iskander et l'appuya contre son cœur et contre sa tête.

– Tu est chez toi ici, dit-il, je te verrai toujours avec joie, je t'aimerai toujours avec reconnaissance. Maintenant, je t'ai indiqué le chemin par où l'on monte au Chakh-Dague et celui par où l'on en descend ; hâte-toi d'être utile à tes compatriotes. Moi, je vais du côté opposé et pour une autre affaire... Adieu ! souviens-toi de Moullah-Nour ; si tu as besoin d'un ami, appelle-le, et l'avalanche n'est pas plus vite au bas de la montagne qu'il ne sera près de toi.

Et, comme une volée de pigeons sauvages, s'envolèrent le chef et toute sa bande.

Iskander descendit alors à la caverne.

Ioussouf était couché les mains liées, les yeux bandés.

Le jeune beg ne put résister au désir d'expérimenter par lui-même le courage de son compagnon.

– Lève-toi et prépare-toi à mourir, dit-il d'un ton rude et en changeant sa voix.

Ioussouf tremblait de tous ses membres ; mais, grâce à un effort suprême, il parvint à se mettre sur ses genoux.

Il était d'une pâleur mortelle ; son nez semblait avoir perdu cette base solide à l'aide de laquelle, dans les temps ordinaires, il formait angle aigu avec sa bouche, angle obtus avec son menton, et retombait inerte sur ses lèvres. Il leva les mains au ciel et implora son pardon d'une voix gémissante.

– Ange Azraël, s'écria-t-il, fais grâce à ma tête, elle n'est pas mûre pour la mort. Par où et par quoi t'ai-je offensé ?

– Ce n'est pas ma volonté, c'est celle de Moullah-Nour. Il a dit : « Ioussouf s'est battu comme un tigre ; maintenant que Ioussouf connaît ma retraite, il n'y a plus de sûreté pour moi dans la montagne. D'ailleurs, le sang de mes camarades, versé par lui à l'assaut de Derbend, crie vengeance et doit l'obtenir. »

– Moi ! s'écria Ioussouf, moi ! je me suis battu à l'assaut de Derbend ? Quel est l'abominable calomniateur qui a dit cela ? Honte à la tombe de ses pères et de ses grands-pères, jusqu'à la dixième génération ! Non, non ! Je ne suis pas homme à me battre contre mes compatriotes, moi. Quand la trompette ou le tambour nous appelait à la muraille, moi, je descendais immédiatement au bazar, et, quand c'était mon tour de marcher, je me réfugiais dans la mosquée et j'y dormais honnêtement et consciencieusement, à la gloire du prophète. C'est vrai, un jour, j'ai tiré trois coups de fusil ; mais il était bien prouvé que l'ennemi était à cinq verstes. Quant à mon sabre, essaie de le tirer toi-même, et, si tu peux en faire sortir la lame du fourreau, je consens à ce que tu m'en abattes la tête. Déjà, du temps de mon père, elle n'en sortait plus. Pourquoi donc me serais-je battu contre Kasi-Moullah, contre un brave homme, contre un saint homme, contre un prophète ? S'il n'avait pas coupé la tête à ceux qui buvaient et à ceux qui fumaient, je serais certainement aujourd'hui un de ses plus dévoués murides.

– Soit ; mais il y a une affaire de religion dans la vengeance de Moullah-Nour contre toi : il sait que tu es partisan d'Ali, et il a juré de faire tuer tout ce qui croit à Ali.

– Partisan d'Ali, moi ? Mais je lui arracherais la barbe, à cet Ali et à ses douze califes ! Mais, si j'avais vécu en Égypte du temps des Fatimides, je n'aurais pas été content que je ne les eusse détrônés. Je suis sunnite, entends-tu bien ! sunnite de cœur et d'âme. Qu'est-ce qu'Ali ? Une poussière : je souffle et elle s'envole ; un grain de sable : je marche dessus et je l'écrase.

– Mais, par-dessus tout cela, vois-tu, ce que ne te pardonnera jamais Moullah-Nour, c'est ton amitié pour Iskander, son ennemi mortel.

– Mon amitié ? s'écria Ioussouf.

– N'est-ce donc pas une preuve d'amitié que tu lui donnais en l'accompagnant au Chakh-Dague ?

– Par amitié sans doute, mais pour mon plaisir surtout.

– Eh bien, la chose lui a encore plus mal réussi qu'à toi, et sa tête est tombée avant la tienne.

– Sa tête est tombée ? répéta Ioussouf. Eh bien, ce n'est pas une grande perte qu'il a faite là. Elle ne valait pas grand-chose, sa tête. Mais, au lieu de m'en vouloir, Moullah-Nour devrait me remercier, moi qui lui ai conduit Iskander, qui le lui ai livré pieds et poings liés. Iskander mon ami ? En voilà encore un fameux ami ! mais, de son vivant, je l'aurais donné pour un pain d'épice ! Iskander mon ami ! un des plus grands débauchés de Derbend, qui mange du jambon avec les officiers russes ? lui, mon ami ? Je brûlerais la barbe à sa mère.

– Malheureux que tu es ! laisse en paix les morts. Si la peur ne te faisait pas perdre la tête, tu réfléchirais que sa mère ne pouvait pas avoir de barbe.

– Pas de barbe ? Je te dis, moi, qu'elle se rasait. Par Allah ! combien de rasoirs ne m'a-t-elle pas ébréchés ! L'ami d'Iskander, moi ? Mais comment aurais-je eu la sottise de faire mon ami d'un homme dont le père était un brigand, la mère une folle, et l'oncle un bottier ?

– Je suis fatigué de t'entendre te parjurer, renégat ! mentir, langue de chien ! Baisse la tête, le sabre est levé.

Iskander fit siffler sa schaska autour de la tête d'Ioussouf ; mais, au lieu de le toucher avec le tranchant, de la pointe il lui enleva, avec son adresse ordinaire, le mouchoir qu'il avait devant les yeux.

Ioussouf regarda avec terreur son prétendu bourreau et reconnut Iskander.

Il poussa un cri et resta stupéfait.

– Eh bien, qu'as-tu à me regarder, sanglier bourré de bêtise ? Voyons, répète-moi donc que mon père était un brigand, que ma mère était folle et que mon oncle faisait des bottes.

Ioussouf, au lieu de s'excuser et de paraître confus, éclata de rire, en se jetant au cou d'Iskander.

– Ah ! je suis donc arrivé à te mettre en colère ! Ce n'est pas maladroit de ma part. Cela a été long, mais c'est venu, à la fin. Ah ! tu tends des filets pour prendre un rossignol, et tu attrapes un corbeau ! Mais crois-tu que, dès les premiers mots, je n'aie pas reconnu ta voix ? Ta voix, la voix de mon meilleur ami ! mais je la reconnaîtrais au milieu des cris des chacals, des miaulements des chats et des aboiements des chiens.

– Très bien ! Tu m'as reconnu.

– Tu en doutes ?

– Non, tu t'es moqué de moi.

– Pour rire, pour plaisanter, pas pour autre chose ; tu comprends bien.

– Mais comment t'es-tu rendu à la femme de Moullah-Nour ? Comment t'es-tu laissé désarmer par elle ?

– Est-ce que tu ne te rappelles pas avoir vu chez le commandant de Derbend une gravure qui représentait une fort belle femme, ma foi, délaçant la cuirasse du beg que l'on appelait Mars ? Au-dessous, il y avait en russe : *Mars désarmé par Vénus.* Voilà comment je me suis laissé désarmer, mon cher ami. Mais, à une si belle créature, je lui eusse tout donné, Iskander, depuis ma bourka jusqu'à mon cœur. J'aurais bien voulu voir, coquin, ce que tu eusses fait en te rencontrant tête à tête avec elle. Quel nez ! quels yeux ! et une bouche pas plus grande que le trou d'une perle ! Et sa taille donc ! Tu as dû remarquer sa taille, un amateur comme toi ! J'avais envie de lui voler sa ceinture pour me faire une bague.

– Alors, c'est par amour que tu t'es laissé garrotter par elle et que tu l'as suivie au bout d'une corde.

– Je l'eusse suivie au bout d'un cheveu.

– Soit ; mais il y a une chose encore dont je suis sûr, c'est que tu ne raconteras pas à Derbend, et surtout devant moi, tes amours avec Goulchade.

– Goulchade ? Elle s'appelle Goulchade ! Quel nom charmant ! Mais tu me fais bavarder, toi ; ce qui est cause que je ne te demande pas comment tu te trouves ici.

Iskander lui raconta en deux mots ce qui s'était passé entre lui et Moullah-Nour. Quand il en fut à la chute du brigand dans le précipice, Ioussouf l'interrompit.

– Mais il est mort, dans ce cas ? dit-il.

– Non.

– Comment, non ?

Iskander lui dit comment il avait sauvé Moullah-Nour et l'avait ramené à ses hommes.

– Alors il est là, ce cher Moullah-Nour ? demanda Ioussouf.

– Non, il est parti.

– Pour où ?

– Pour une expédition.

– Tu en es bien sûr ?

– J'ai vu disparaître la poussière de son dernier cavalier.

– Et il est tombé de cinq cents pieds, dis-tu ? et le diable ne lui a pas cassé le cou ? et il ne s'est pas brisé les bras et les jambes en mille morceaux ? Je cracherai un jour dans le canon de ce brigand-là. Ah !

s'il était venu pour m'arrêter lui-même, au lieu de m'envoyer sa femme, je lui eusse appris avec quelles lettres on écrit le mot *brave*. Mais il n'a pas osé, le lâche !

– Allons donc ! te tairas-tu, fanfaron ? Mais, si tu avais rencontré Moullah-Nour en personne, tu en aurais fini avec tous tes mensonges et toutes tes vanteries, car tu serais mort de peur.

– De peur ! moi ? Apprends, mon cher Iskander, qu'il n'y a qu'un homme au monde qui puisse me faire peur, c'est celui que je vois dans une glace quand je m'y regarde.

Cette fois, Iskander n'y tint pas. Pour un Tatar, la gasconnade était si forte, qu'il éclata de rire.

– Allons, dit-il, assez sur ce chapitre. Tu viens encore de m'apprendre du nouveau sur ton compte, et cependant je croyais te bien connaître. À cheval ! et en route, brave Ioussouf !

– Tu sais le chemin ?

– Oui, Moullah-Nour me l'a indiqué.

– Eh bien, marche devant, je te suivrai, et malheur à celui qui viendrait nous attaquer par derrière !

Iskander prit le sentier que lui avait indiqué le bandit.

En les voyant d'en bas, on n'eût certes pas cru que des créatures humaines se risquassent par un tel chemin.

Lorsqu'on fut arrivé à la région des neiges, Iskander donna son cheval à tenir à Ioussouf, et lui-même, son aiguière à la main, se mit à escalader le plus haut sommet.

Pour la première fois, cette neige virginale avait reçu l'empreinte du pied d'un homme.

Iskander se prosterna sur ce pic où, avant lui, les anges avaient seuls prié.

Lorsqu'il releva la tête et regarda autour de lui, il vit la terre merveilleusement belle.

Devant lui se déroulait toute la chaîne de montagnes qui s'étend de la mer Caspienne à l'Avarie ; son œil plongeait jusqu'au fond des vallées, et, dans leur profondeur, il voyait les rivières, minces et brillantes comme un fil de soie.

Tout était muet et tranquille. Iskander était trop loin pour distinguer ni hommes ni animaux ; trop haut pour entendre aucun bruit.

Il fût resté plus longtemps à admirer le splendide spectacle, si l'air, complètement dégagé, à cette hauteur, de toutes vapeurs terrestres, n'eût été trop pur pour une poitrine humaine.

Toutes les artères du jeune beg commencèrent à battre, comme si son sang, n'étant plus suffisamment comprimé par l'atmosphère, était près de s'échapper à travers ses pores.

Il pensa alors qu'il était temps de s'acquitter de sa commission, et, dans sa croyance profonde que tout était possible à ce Dieu dont rien ne semblait plus le séparer, il forma une boule de neige, la mit dans son aiguière et commença à redescendre en tenant le vase élevé au-dessus de sa tête, pour que, selon la prescription, il ne fût point souillé au contact de la terre.

La descente était bien autrement difficile que la montée ; mais une puissance supérieure avait, pendant tout ce voyage, paru veiller sur Iskander.

Au bout d'une heure d'absence à peu près, il se retrouva près d'Ioussouf.

Ioussouf l'interrogea, mais Iskander secoua la tête.

Ioussouf essaya de plaisanter, mais Iskander leva gravement le doigt vers le ciel.

Il redescendait sur la terre, plein de la sublimité des hautes cimes.

– Ah çà ! lui dit Ioussouf, il paraît que tu as mangé du soleil, là-haut, et que tu crains d'en laisser échapper un morceau en parlant.

Mais Ioussouf eut beau dire, il ne parvint pas à tirer une seule parole d'Iskander.

Il finit donc par se taire à son tour.

Les voyageurs, malgré toute la hâte qu'ils firent, n'arrivèrent à Derbend que bien avant dans la nuit et quand les portes étaient déjà fermées depuis longtemps.

Le cœur d'Iskander battait à lui rompre la poitrine : la crainte, le doute, l'espoir s'en disputaient chaque pulsation. Il accrocha l'aiguière à une branche d'arbre, regarda tristement tantôt la muraille noire qui le séparait de ce qu'il avait de plus cher au monde, tantôt le ciel qui lui semblait s'obscurcir. Il avait l'air de demander à toute la nature : « Dois-je craindre ? dois-je espérer ? »

Bientôt il vit avec joie que des nuages s'amassaient au ciel et glissaient sur la surface brillante de la lune.

Il poussa, tout joyeux, le bras d'Ioussouf, qui s'endormait, et lui dit :

– Regarde donc, Ioussouf, regarde donc ces nuages qui courent au ciel, plus pressés qu'un troupeau de moutons !

– Un troupeau de moutons ! balbutia Ioussouf. Achète le plus tendre et prends la baguette de mon fusil pour en faire du chislik. Je meurs littéralement de faim.

– Allons, dit Iskander, voilà mon animal qui, comme toujours, ne pense qu'à son estomac. Les moutons dont je te parle sont des nuages, Ioussouf ; il va pleuvoir, mon ami.

– Ah ! murmura Ioussouf, si ça pouvait être des alouettes, comme je me mettrais sous la gouttière, et la bouche toute grande ouverte encore !

– Eh bien, dors donc, brute, puisqu'il y a un proverbe qui dit : « Qui dort dîne. »

– Bonne nuit, Iskander ! dit Ioussouf en bâillant.

Et il s'endormit sur sa bourka. Quant à Iskander, il ne ferma pas l'œil de la nuit et ne cessa de regarder le ciel, qui se couvrait de plus en plus.

Au point du jour, les portes de Derbend s'ouvrirent, et, au bout de quelques minutes, on sut par toute la ville qu'Iskander était arrivé avec de la neige du Chakh-Dague.

Tous les habitants se réunirent : le chœur de la mosquée, la mosquée, la cour, tout était plein de curieux qui voulaient voir porter à la mer l'eau du Chakh-Dague.

Après une courte prière, les moullahs, accompagnés du peuple, prirent le chemin du port.

Iskander portait timidement l'aiguière contenant la neige fondue ; mais Ioussouf, au milieu d'un groupe immense, racontait à grand bruit les événements de leur voyage. Seulement, dans ce récit d'Ioussouf, Iskander disparaissait complètement. Quant à lui, Ioussouf, il s'était si fort approché du ciel, qu'il avait entendu ronfler les sept dormants et parler les houris. Il avait horriblement souffert du froid ; mais, heureusement, il s'était réchauffé en combattant deux ours et un serpent d'une effroyable grandeur. Il avait voulu rapporter la peau de ce serpent et l'avait dépouillé à cet effet ; mais son cheval s'en était tellement effrayé, qu'il avait été obligé de la laisser en route. Toutefois il savait parfaitement l'endroit où elle était restée, et, le lendemain, il enverrait le muezzin pour la prendre.

Mais, si intéressants que fussent les récits d'Ioussouf, il n'eut plus un seul auditeur au moment où Iskander s'apprêta à jeter à la mer l'eau de son aiguière.

Depuis le matin, il faisait grand vent ; mais le vent n'était pas de la pluie, et il n'était pas tombé une goutte d'eau.

Lorsque, après une longue prière du moullah, Iskander fut prêt à vider son aiguière dans la Caspienne, il se retourna vers Festahli, qui marchait au premier rang.

– Rappelle-toi ta promesse, lui dit-il.

– Rappelle-toi nos conditions, répondit à son tour Festahli : ton sort n'est pas dans la neige, il est dans la pluie. Tu m'es bien cher, si tu es cher à Allah.

Iskander leva l'aiguière au-dessus de sa tête et, aux yeux de tous, il versa dans la mer l'eau de la neige du Chakh-Dague.

Aussitôt, et comme par miracle, une grande tempête s'éleva ; des nuages, qui semblaient chargés de pluie, couvrirent le ciel ; on entendit le tonnerre gronder au loin ; les feuilles, agitées violemment par le vent, secouèrent la poussière qui les couvrait. Les jeunes filles tatares regardaient gaiement, à travers leur voile que le vent arrachait de leur tête. Toutes les mains étaient tendues pour sentir les premières gouttes de cette pluie si impatiemment attendue ; enfin, un éclair déchira la voûte de vapeurs amassées au-dessus de Derbend, et il sembla que, pour un déluge nouveau, toutes les cataractes du ciel s'ouvraient en même temps.

Une pluie torrentielle se précipita des nuages et inonda la terre du Daghestan.

Cette fois, personne ne songea à fuir, personne ne pensa même à ouvrir son parapluie.

Ce n'était pas de la joie ; c'était du délire.

Les papaks volaient en l'air et retombaient dans l'eau ; les prières, les cris de joie montaient tout ensemble au ciel. On s'embrassait, on se félicitait, on se montrait l'eau qui descendait comme une cascade gigantesque, ou plutôt comme cent cascades, de la ville tatare à la ville russe, et qui se précipitait de la citadelle à la mer.

Iskander était plus joyeux à lui seul que les habitants de Derbend tous ensemble.

Une femme lui tombait du ciel avec la pluie !

XI

Deux saints hommes

Qu'est-ce que la jeunesse sans l'amour ? Qu'est-ce que l'amour sans la jeunesse ?

La flamme brûle facilement dans l'air pur, et quel air est plus pur que celui du printemps ?

Il est vrai que les murailles des cours musulmanes sont hautes, que les cadenas de leurs portes sont solides ; mais le vent passe par-dessus les murailles et à travers les serrures.

Les cœurs des belles sont bien défendus ; ils sont cadenassés par un millier de préjugés ; mais l'amour est comme le vent, il trouve bien un passage par où y pénétrer.

Kassime aimait déjà sans avoir le courage de se l'avouer. Iskander-Beg était devenu sa meilleure pensée pendant le jour et son meilleur rêve pendant la nuit ; en brodant d'avance avec de l'or, comme fait toute jeune fille tatare, le sac au pistolet du fiancé qu'elle ne connaissait pas, Kassime se disait à elle-même :

– Oh ! si ce pouvait être pour Iskander !

Jugez donc de sa joie lorsque son oncle vint officiellement lui annoncer qu'elle était la promise du beau jeune homme !

Elle devint plus rouge qu'une cerise, et son cœur commença de battre comme celui d'une colombe en liberté.

Ainsi s'accomplissaient ses plus chers et ses plus secrets désirs.

À partir de ce moment, ses espérances sans nom s'appelèrent Iskander ; à partir de ce moment, elle pouvait avec fierté recevoir les félicitations de ses compagnes, et, dans ses entretiens avec elles, parler à son tour de son futur mari.

Quant à Iskander, il ne sentait plus la terre sous ses pieds, et, pour se consoler de ne pas voir sa promise, il ne cessait d'y penser :

– Sur ce tapis, elle travaillera ; dans cette tasse, elle boira ; avec l'eau de cette aiguière d'argent, elle rafraîchira ses joues roses ; sous cette couverture de satin, elle dormira.

Dans les contrées du Caucase qui suivent la religion d'Ali,

viennent bien souvent de Perse des prêcheurs et des moullahs : ils expliquent le Coran et racontent les miracles de leurs imams.

Tout cela, d'habitude, se passe au mois de mai.

Dès le premier jour de ce mois, les Chiites célèbrent la mort de Hussein, fils d'Ali, qui, après la mort de son père, se souleva contre Yézid, fils de Moaviah, dans le but de lui enlever le califat, mais qui, ayant été battu par le général de Yézid, Obéid-Allah, fut tué dans ce combat. Les Chiites célèbrent avec une grande splendeur l'anniversaire de cet événement. La fête a lieu la nuit, à la lueur d'une grande quantité de flambeaux ; et, cette fois, arrivé de Tebbès pour présider la fête, Moullah-Sédek était resté pendant tout le mois de mai à Derbend.

Moullah-Sédek était un homme de quarante-cinq ans, affectant une suprême gravité, et, pour cela, marchant aussi lentement qu'un homme de soixante-dix ans ; en un mot, on respirait à vingt pas autour de lui la sainteté et l'huile de rose.

Et cependant Sédek, tout en levant ses regards vers le ciel, n'oubliait jamais tout à fait la terre. Il avait peu d'amis ; mais, du moment qu'un homme venait à lui l'argent à la main, cet homme était le bienvenu. Il avait fait, à Derbend, une riche récolte de cadeaux ; mais son désir était d'en emporter encore autre chose que de l'argent et des bijoux. Il pensait à s'y marier, et, après avoir pris des renseignements sur les meilleurs partis de la ville, il fit des ouvertures à Hadji Festahli, à l'endroit de sa nièce, qu'il savait devoir être richement dotée.

Il avait commencé par louer Hadji Festahli, et, comme l'orgueil était le côté faible de l'oncle de Kassime, Sédek en était venu à être en peu de temps son ami le plus intime.

– Ah ! lui disait-il, la fin du monde ne peut tarder maintenant. Le poisson Houtte, sur le dos duquel l'univers est bâti, se lasse de porter, avec le poids des hommes, le fardeau bien autrement lourd de leurs péchés. Les musulmans se corrompent : ils sacrifient à l'argent ; ils portent des décorations à leur boutonnière, des rubans de plusieurs couleurs à leur sabre. Je ne sais vraiment ce qui serait arrivé de Derbend lorsqu'elle a été menacée du Seigneur, si tu n'avais été là pour faire de tes vertus un contrepoids aux crimes de ses habitants. Tu es un homme pur, toi ; un homme respectable, un saint homme, un vrai chiite ; tu n'es lié ni avec les Arméniens, ni avec les Russes. La seule chose que je ne veuille et ne puisse pas croire, c'est que tu maries ta nièce à ce malheureux Iskander, qui est pauvre comme le chien d'un derviche. Quand j'ai entendu raconter cela, je me suis dit : « C'est impossible ! Un homme comme Hadji Festahli ne jettera pas dans la boue la perle du prophète ; il ne donnera pas au premier venu la fille de son frère. Non, c'est un mensonge ou une plaisanterie, j'en suis sûr. »

– C'est cependant la vérité, dit Festahli tout confus.

Et il raconta à Sédek toute l'histoire : comment Iskander avait fait ses conditions et comment il avait été obligé, lui, de consentir à ce mariage.

– Il est vrai de dire, ajouta-t-il, qu'il n'y a pas, à Derbend, de jeunes prétendants ayant quelque fortune ; les riches, comme par malédiction, sont tous vieux.

Moullah-Sédek tira sa barbe et dit :

– Tout vient d'Allah ! tout retournera à Allah ! Est-ce qu'il n'y a pas de vrais adorateurs d'Hussein dans la contrée d'Iran ? Le soleil se lève et se couche deux fois par jour dans l'empire du grand roi, et c'est là que tu dois choisir un mari pour ta nièce. Ô saint prophète, si tu veux marier la lune avec une des plus belles étoiles du ciel, je t'enverrai mon cousin Mir-Heroulah-Tebris. Il est spirituel et beau. Il est tellement riche, qu'il ne sait pas le compte de ses perles et de ses diamants, et, avec tout cela, timide et rougissant comme une jeune fille. Lorsqu'il passe dans le bazar, chacun le salue, et c'est à qui l'approvisionnera de fruits, de gâteaux et de raisins. Il n'y a pas de danger qu'un seul visiteur se présente chez lui sans un cadeau. Si jamais ta nièce devient sa femme, tu peux être sûr qu'elle aura la première place aux bains de Tebbès.

Cette proposition sourit d'autant plus à Festahli, qu'elle devait désespérer Iskander, qu'il ne pouvait souffrir.

Cependant il eut conscience de manquer ainsi à une promesse sacrée.

Il répondit donc à Sédek qu'un pareil projet, s'il s'accomplissait, le rendrait l'homme le plus fier et le plus heureux du monde, mais qu'il craignait une chose, c'était que la mère de Kassime ne l'approuvât point. De son côté, le commandant de Derbend pourrait bien ne pas permettre qu'une habitante de sa ville, et, par conséquent, une Russe, épousât un Persan. Puis, enfin, que diraient les habitants de Derbend ?

Le *qu'en dira-t-on* a quelque valeur à Paris ou à Saint-Pétersbourg ; mais, sur les bords de la mer Caspienne, mais, en Orient, c'est la seconde conscience de celui qui a oublié la première.

– Que dira-t-on ? répliqua Sédek en raillant. Mais on dira que tu es un homme d'esprit ! Il est pardonnable de faire des fautes, mais il est louable de les réparer, et, franchement, qu'a donc fait de si fameux cet Iskander ? Crois-tu que c'est réellement sa neige qui a attiré la pluie ? Laisse-moi mener la chose, et je te dirai comment doit s'arranger l'affaire. En attendant, raconte que ta sœur est dangereusement malade et que, dans la crainte de sa mort, elle a fait serment de ne marier sa fille qu'à un parent du prophète, à un imam. Ta sœur ne quitte pas sa chambre ; dans sa chambre même, elle est muette comme un poisson : n'écoute pas ses conseils. N'as-tu pas lu dans les livres sacrés que Job a battu sa femme parce qu'elle lui conseillait de faire amitié avec le diable ? D'ailleurs, est-ce que la mère de Kassime est ta femme ? Qu'est-elle pour toi ? Une sœur, voilà tout ! Crache donc sur sa volonté.

– Et le commandant ? dit en soupirant Festahli.

– Que peut faire le commandant ? Et puis, ne peut-on pas le tromper, le commandant ? Qui t'empêche de prendre un passeport pour aller en Perse voir tes parents ?

Festahli consentit, ou plutôt il avait déjà consenti depuis longtemps.

Le lendemain, on renvoya à Iskander le *kalmi* qu'il avait déjà donné à sa promise.

Le jeune homme, ne pouvant s'arracher les cheveux, faillit s'arracher les oreilles. Longtemps il ne put croire à cette insulte. Le sac, avec l'argent qu'il contenait, était cependant bien devant lui, sous ses yeux. La vieille tante n'y comprenait rien et le plaignait de toute son âme.

Iskander était anéanti.

Il repassait dans son esprit tous les moyens de se venger de Festahli, sans blesser les lois russes. Ah ! s'il y eut un khan à Derbend, au lieu d'un colonel ! Un bon coup de poignard, et tout eût été dit, et Kassime était à lui.

Mais il ne fallait pas penser à ce moyen, tout expéditif qu'il était.

Iskander devint rêveur et muet comme un mort. Il ne voyait pas Hadji Ioussouf, qui se tenait depuis longtemps devant lui.

À part le mensonge et la poltronnerie, c'était vraiment un excellent homme que Hadji Ioussouf. Il était réellement ému de la douleur de son ami, et il eût pleuré, s'il avait su.

Il poussa tout doucement Iskander, et, timidement :

– Qu'y a-t-il donc, mon cher Iskander ? demanda-t-il.

– Et toi-même, lui demanda Iskander, le sourcil froncé, que me veux-tu ?

– Je venais te dire que trois bâtiments chargés de blé sont arrivés et que le peuple est très content. C'est une bonne nouvelle, Iskander.

– Si tu venais me dire qu'il est arrivé trois bâtiments chargés de poissons, la nouvelle serait meilleure encore.

– Oh ! oh ! le temps est sombre, à ce qu'il paraît ? Voyons, dis-moi ce qui te fâche.

– Que je te le dise ? Tu ne le sais donc pas encore ? Derbend tout entier ne le sait donc pas ?

– Est-ce que c'est vrai que la mère de Kassime te refuse pour gendre ?

– La mère ?

Iskander poussa un éclat de rire qui fit frissonner Ioussouf.

– La mère ? Non ; c'est ce misérable Festahli, dit-il, mais je le tuerai !

– On voit bien que tu n'as pas encore goûté du pain des montagnes, mon pauvre Iskander. Ce n'est pas une difficulté de tuer un homme et de s'enfuir ; seulement, il faut, jusqu'à la fin de sa vie, renoncer à rentrer dans sa ville natale. Pour moi, si j'ai un conseil à te donner, c'est de te contenter d'une riche volée de coups de bâton ; après quoi, tu te retireras tranquillement à Bakou. Si tu veux absolument prendre femme, eh bien, tu te marieras là pour trois mois : cela te coûtera vingt-cinq roubles. C'est une magnifique invention, pour les voyageurs surtout, que ces sortes de mariages. J'en ai tâté : je me suis, tel que tu me vois, marié, un jour, six semaines seulement ; je n'ai pas eu la patience de faire mon temps.

Je me suis sauvé au bout d'un mois. Lorsque je dormais, j'avais toujours peur que ma femme ne me mordît le nez, tant elle était revêche et acariâtre. Essaie, et je parie qu'à ton retour, tu m'apporteras un cadeau de remerciement.

Iskander demeurait pensif et muet.

– Ma chère âme, mon beau lis, mon fier palmier, mon Iskander, reprit Hadji Ioussouf, est-ce que tu ne m'entends pas ? est-ce que tes oreilles sont pleines d'eau ? Une fiancée ! par ma foi, la belle chose qu'une fiancée ! Prends une poignée de roubles et va-t'en la main ouverte sur la place de Derbend en criant : « Une fiancée ! une fiancée ! » et les fiancées t'arriveront comme des poules.

Iskander continuait de garder le silence.

– Mais qu'as-tu donc à tant t'attrister, Iskander ? Que diable ! ce n'est pas une étoile que ta Kassime. D'abord, elle a un œil plus grand que l'autre, et elle est si noire, qu'elle te ruinera rien qu'en blanc d'Espagne. J'ajouterai même qu'elle est un peu bossue. Ne va pas dire non, je la connais, je l'ai vue.

Cette fois, Iskander avait entendu : il saisit Ioussouf à la gorge.

– Tu l'as vue ! Où l'as-tu vue ? Comment l'as-tu vue ? Quand ? Dans quel endroit as-tu osé lever sur elle tes yeux de basilic ? Mais réponds-moi donc, misérable !

– Comment veux-tu que je te réponde ? Tu m'étrangles ! Mais, au nom d'Allah, lâche-moi donc ! Ne vois-tu pas que je plaisante ? Tu sais bien que j'ai mes yeux dans mes poches et que mes poches n'ont pas de trous, Dieu merci ! Où pourrais-je l'avoir vue ? Et quand j'aurais pu la voir, pourquoi l'aurais-je regardée ? Ne sais-je pas qu'elle est la promise de mon meilleur ami ? Ne te marie jamais, Iskander ; tu es vraiment trop jaloux pour un homme qui fraye avec les Russes. Tu serais obligé de veiller toutes les nuits, et, le jour, de tâter ceux qui viendraient chez toi. Au reste, je ne sais pas comment ils font, ces diables de Russes : ils ne sont pas arrivés dans la ville depuis deux jours, qu'ils sont déjà amis avec toutes nos belles. Tu connais Moullah-Kasim ; Dieu merci ! il est jaloux, celui-là ; eh bien, il s'est acheté une femme charmante. Comme il l'avait payée assez cher, il tenait à l'avoir achetée pour lui tout seul. Sa femme n'avait qu'une amie au monde : on ne peut pas en avoir moins. Trois fois la semaine, l'amie venait chez Moullah-Kasim : lui-même l'introduisait près de sa femme et gardait la porte, craignant que les deux femmes ne vinssent sur la galerie et ne regardassent dans la rue. Sais-tu ce que c'était que cette amie ? C'était un jeune enseigne russe qui n'avait pas encore de barbe.

Iskander saisit le bras d'Ioussouf, mais, cette fois, sans colère.

– Un homme en habit de femme ? dit-il. Oui, en effet, à la rigueur, cela se peut. Merci de ton histoire, Ioussouf, elle m'a bien amusé.

– Tant mieux ! Eh bien, maintenant que tu es de meilleure humeur, je te quitte. J'ai un tas d'affaires ! Cette nuit, je représente l'ambassadeur de France à la cour de Yézid. Il faut que j'essaie mon pantalon collant. J'ai peur de ne pouvoir entrer dedans. Que le diable se fasse un gilet de la peau d'un Russe, pour avoir eu l'idée d'inventer ces damnés pantalons ! maintenant, si je rencontre un coq, il peut être tranquille, je lui arrache la queue pour me faire un plumet. Tu verras, Iskander, comme je serai majestueux quand je paraîtrai sur la scène. Tous les soldats me crieront : « Nous vous souhaitons une bonne santé, Votre Noblesse. » Adieu ! je n'ai pas de temps à perdre, si je ne veux pas manquer mon entrée.

Et Ioussouf partit en rejetant sur ses épaules les manches de sa tchouka pour aller plus vite.

Iskander resta seul et pensif, mais souriant au milieu de sa rêverie. L'anecdote racontée par Ioussouf, au milieu de tout ce bavardage inutile, avait fait naître en lui une idée : c'était de profiter de la fête que l'on célébrait – espèce de carnaval musulman – pour se déguiser en femme et arriver près de Kassime.

Disons tout de suite que rien ne prête mieux que le costume tatar, avec ses grands pantalons, son arkalouk et son immense voile, à ce travestissement.

Depuis qu'il avait pris ce parti, Iskander avait cessé de désespérer.

– Oh ! je la verrai, disait-il, et elle sera à moi ! Alors, Festahli, tu sauras ce que c'est que de réveiller un tigre. Kassime, Kassime, attends Iskander, le chemin qui doit le conduire à toi fût-il pavé de poignards.

Et, à l'instant même, Iskander sortit et alla au bazar, sous prétexte de faire un cadeau à sa fiancée, acheter un costume complet de femme.

Revenu chez lui, il envoya son nouker, dont il craignait l'indiscrétion, à la prairie avec les chevaux ; puis, le nouker parti, il rasa complètement sa barbe, qui, d'ailleurs, commençait à peine à naître, se teignit l'épaisseur des paupières, se peignit les sourcils, se mit du rouge, passa les pantalons, son arkalouk et son voile ; s'étudia à marcher, sous son nouveau costume, à la manière des femmes tatares, gardant sa bechemette pour se retrouver, dans le cas où il aurait besoin d'attaquer ou de se défendre, en costume d'homme.

Il attendit la nuit avec impatience ; mais, le jour, comme un oncle à héritage, ne pouvait pas se décider à mourir.

Enfin, le tambour battit à la prière, et le théâtre s'éclaira.

Alors Iskander mit sur ses joues les deux petites plaques d'or de rigueur ; passa à sa ceinture, d'un côté, son kandjar, de l'autre, son pistolet ; s'enveloppa de la tête aux pieds d'un immense voile blanc ; et partit, tenant à la main une petite lanterne.

Au bout d'un quart d'heure, la jeune fille sortit avec deux amies : toutes trois allaient voir le drame religieux qui se représentait à Derbend en l'honneur de la mort de Hussein, et qui avait beaucoup de ressemblance avec les mystères que les confrères de la Passion représentaient en France au Moyen Âge.

Les places publiques et les rues étaient pleines de peuple à pied et à cheval ; car, dans les spectacles, en Orient, il y a cela de remarquable que, si pressés que soient les spectateurs, il y en a toujours un tiers au moins à cheval. Ce tiers circule, va et vient sans s'inquiéter des pieds qu'il écrase, ni des épaules qu'il heurte. C'est l'affaire des piétons de se déranger et de se garantir. On ne leur doit rien que le mot tcherkesse *kabarda ! kabarda !* jeté de temps en temps, et qui correspond à notre *gare ! gare !*

Les toits de maisons, seuls endroits où ne grimpent pas les cavaliers, étaient couverts de femmes enveloppées dans leurs longs voiles de toutes couleurs.

Le drame n'était pas encore commencé. Sur le théâtre préparé pour la représentation de *Yésid* – c'était le nom de la tragédie, – Moullah-Sédek lisait le prologue entre deux autres musulmans, et, à chaque endroit touchant, il s'interrompait pour crier aux spectateurs : « Mais pleure donc, peuple ! pleure donc ! » et le peuple répondait à cette apostrophe avec des gémissements et des lamentations.

Tout furieux, Iskander, qui avait suivi Kassime, grimpa derrière elle le petit escalier d'une maison qui les conduisit sur le toit, déjà couvert d'une quantité de femmes musulmanes éclairées par plusieurs flambeaux.

Les femmes s'embrassaient en se rencontrant et en se reconnaissant, riant et causant entre elles avec un babillage sans fin.

Toutes étaient richement habillées, parées de colliers d'or et d'argent, et chacune montrait à l'autre, plutôt comme à une rivale que comme à une amie, la parure qu'elle mettait pour la première fois.

Celui qui n'a pas expérimenté la femme d'Asie, ne connaît pas et ne connaîtra jamais la moitié d'un Asiatique, vécût-il avec lui une centaine d'années. En face des giaours, les musulmanes portent éternellement un masque, et, hors du harem, l'homme d'Orient ne montre jamais à son propre frère ni le fond de son cœur ni le fond de sa bourse. Chaque peuple a une passion qui domine toutes les autres : c'est celle de vanter ses usages. Plus qu'aucun peuple, le musulman est atteint de celle-là. S'il faut croire les musulmans sur parole, vous pouvez les regarder tous comme des saints. À les entendre, femmes et maris marchent, dans l'exécution de leurs devoirs, entre les lignes du Coran et ne s'écartent jamais ni à droite ni à gauche. Dans son intérieur seulement, le musulman se montre ce qu'il est : cela tient à ce qu'il n'a aucun compte à rendre de sa conduite, ni à sa femme ni à ses enfants. La femme, au contraire, est tout à fait libre en l'absence de son mari. À peine a-t-elle vu les talons de ses babouches, qu'elle devient méconnaissable. Muette et humble devant lui, elle devient babillarde, orgueilleuse, impudique même, vis-à-vis de ses compagnes, avec lesquelles elle est toujours sincère, attendu qu'entre femmes, en Orient, la jalousie n'existe pas, excepté pour la richesse des costumes et la valeur des parures.

De là vient ce double monde complètement étranger à celui d'Europe et dont ce livre sera au moins un des premiers à signaler et à faire sentir la différence ; – monde plus inabordable encore aux hommes qu'aux femmes, attendu que l'homme se découvre sans cesse à la femme ; la femme à l'homme, jamais.

Maintenant, supposez que, d'une manière quelconque – laquelle ? cela ne me regarde pas – supposez que, d'une manière quelconque, vous êtes ici avec une musulmane ; supposez que vous avez pénétré au bain et entendu son bavardage avec une amie ; que vous êtes entré au harem et que vous l'avez vue batifoler – c'est le seul mot qui se présente à ma plume ; la langue grecque était plus riche que la nôtre – batifoler, dis-je, avec ses compagnes ; il est évident que vous en saurez plus par vous-même que ne vous en racontera jamais un musulman, plus qu'il n'en saura lui-même.

Jugez donc combien Iskander fut étonné lorsqu'il se trouva au milieu des indiscrétions féminines. Perdu dans un troupeau de femmes jeunes, jolies et bavardes, lui qui n'avait jamais parlé à une femme à moins qu'elle n'eût passé la soixantaine ! il les dévorait des yeux ; il voulait entendre tout ce qu'elles disaient.

– Ah ! ma chère, quelle jolie coiffure tu as ! Moi, mon pingre d'époux a été à Snizily et m'a rapporté des pantalons brodés en or. J'ai tort de l'appeler pingre, car il ne l'est pas pour moi : il ne me refuse rien de ce que je lui demande. Il est vrai qu'il est exigeant et que, de mon côté – été ou hiver – je fais tout ce qu'il veut, ne m'inquiétant pas de la différence des époques ou des températures.

– Sais-tu, Fatime, disait une autre, que mon vieux singe de mari a pris une seconde femme à Bakou ? Je me suis mise à pleurer et à me plaindre. Devine ce qu'il m'a répondu ? « Est-ce que je puis rester sans pilau ? » Oh ! je me vengerai ! Il prend une seconde femme, le vieux coquin, et il n'est pas en état de célébrer le samedi avec moi. Non, ma chère, non ! C'est incroyable ! n'est-ce pas ? Mais c'est ainsi. À propos, sais-tu qu'il y a maintenant, en Russie, un ukase qui ordonne aux femmes de porter des pantalons ? J'ai vu moi-même les dames de Derbend avec des pantalons blancs tout brodés et festonnés à jour. – Il était temps ! C'était honteux de les voir, quand il faisait du vent.

– Oh ! le bon savon que tu m'as donné, ma chère Cheker, disait une troisième, et que je t'en suis reconnaissante ! Imagine-toi qu'après m'en être frottée, mon corps est devenu comme du satin.

– Eh bien, oui, elle est morte, disait une quatrième ; il l'a tuée, tant pis pour elle ! Du moment qu'elle voulait faire l'amour avec un autre, elle devait savoir se cacher. Dès que son mari s'absentait, elle s'en allait en visite, avec une lanterne, encore. Ma foi, il l'a tuée raide !

– Ah ! ma chère, disait une cinquième, que mes enfants m'ennuient ! Je n'ai jamais vu des enfants grandir si vite ! À les regarder, on croirait que je suis une vieille femme, et puis ils ont mal à la tête. Comprends-tu : moi qui n'ai jamais eu un bouton. Cela vient de leur père.

Ah ! si tu as mal à la tête de tes petits enfants, moi, j'ai mal au cœur de mes grands. Mégely m'ennuie au possible. Il ne me laisse pas de repos pour que je lui achète une femme.

– Eh bien, achète-lui-en une, à ce garçon. Il est grand et en âge d'avoir une femme. Je l'ai regardé passer encore hier.

– Tu es bonne, toi ! Tu en parles comme si une femme était un sifflet de deux kopecks ! Cela coûte cher, une femme. Où prendrai-je de l'argent ? Je te le demande.

– Ah ! s'écriait une sixième, quelle honte ! et tu dis, ma chère, qu'elle est avec un Arménien ? Est-ce qu'il n'y a plus de musulmans ni de Russes donc ?

– Que mon mari est sage ! Si tu savais, disait une septième, et comme il est beau ! On dirait le prophète en personne, et, quoique gros, si léger, que c'est à ne pas croire. Imagine-toi...

Iskander écoutait avec une attention si profonde, qu'elle lui avait presque fait oublier la chose pour laquelle il était venu. Mais les cris : « On commence ! on commence ! » firent cesser tous les bavardages.

Chacun se tourna vers le théâtre et s'occupa du drame. Yézid, en cafetan rouge et en turban vert, était assis sur son trône. À sa gauche, au-dessous de lui de toute la hauteur des quatre degrés de son trône, se tenait l'ambassadeur européen, représenté par Ioussouf, en costume fantastique, dont les principaux condiments étaient un chapeau à trois cornes, surmonté d'un plumet immense, d'un sabre énorme et d'éperons de six pouces.

La suite de Yézid, composée de comparses en ruban blanc, entourait son trône et formait un demi-cercle.

Mais Yézid sur son trône, mais cette magnifique suite en turban blanc, ne firent point un effet comparable à celui d'Ioussouf, avec son chapeau qui ne pouvait tenir en équilibre sur sa tête rasée, avec son sabre qu'il ne savait où fourrer, avec ses éperons qui accrochaient les pantalons des seigneurs les plus nobles et les plus graves de la cour de Yézid.

Mais ce qui surtout excitait chez les hommes la plus grande hilarité et chez les femmes la plus vive discussion, c'était ce nez gigantesque et ce plumet colossal.

– Oh ! voyez, ma sœur, dit une petite fille noble, voyez cet animal qui est près de Yézid. Quelle sorte de bête représente-t-il ?

– C'est un lion, petite sotte, répondait la sœur. Ne sais-tu pas que cet abominable tyran de Yézid, ce bourreau des califes, avait toujours près de lui un lion ? Si quelqu'un lui déplaisait, on le jetait au lion, qui le dévorait. Tiens, écoute, voilà Yézid qui dit à Hussein : « Adopte ma religion ou je te fais mourir. » Hussein éternue, ce qui signifie : « Je ne veux pas. »

– Ce n'est pas un lion, insista la petite entêtée ; les lions n'ont pas de bec, c'est un oiseau.

– Un oiseau avec une queue sur la tête ! Tu as vu des oiseaux avec des queues sur la tête ?

– Sans doute, c'est une huppe.

– C'est une crinière.

– La petite a raison, dit une troisième se mêlant à la dispute. Ne vois-tu pas que c'est un perroquet ? Ce perroquet était secrétaire interprète chez Yézid. Vois-tu comme le calife le caresse ?

– Alors pourquoi crie-t-il comme un diable ?

– Mais taisez-vous donc, nièces de perroquets vous-mêmes ! dit une bonne dame tatare pesant cent cinquante kilogrammes, tenant la place de quatre personnes ordinaires et qui désirait écouter pour elle seule comme pour toute une société.

La dispute devint générale à cette apostrophe. Les unes continuèrent de prétendre que c'était un lion, les autres soutinrent que c'était un oiseau ; mais, ce qui dut flatter énormément Ioussouf, c'est que l'avis général fut que c'était un animal quelconque.

Lui, ne se doutant pas que cette rumeur qu'il entendait était causée par son nez et par ses plumes, discourut pendant ce temps avec le tyran.

– Mon roi, disait-il, maître du Frangistan, apprenant tes conquêtes, m'envoie te proposer son amitié.

Yézid répondit :

– Que ton roi cesse de manger du cochon, qu'il défende à ses alliés d'en manger et qu'il leur ordonne de se faire musulmans.

– Mais si ses amis refusent ? répondit l'ambassadeur.

– Alors qu'il introduise mon système.

– Voyons ton système... demanda l'ambassadeur.

– Introduisez mon système, dit Yézid.

Un bourreau entra, le sabre nu à la main.

Ioussouf secoua la tête.

– Que veux-tu dire ? demanda Yézid.

– Je veux dire, grand prince, que ton système ne réussirait pas en Europe.

– Pourquoi cela ?

– Parce qu'il serait impossible de couper une tête européenne comme tu coupes une tête arabe.

– Impossible ? dit Yézid. Tu vas voir si c'est impossible.

Et, se tournant vers ses gardes et vers le bourreau :

– Prenez l'ambassadeur européen, dit-il, et coupez-lui la tête pour qu'il voie que mon système peut s'appliquer à tous les pays.

Les gardes et le bourreau s'avancèrent vers Ioussouf ; mais il y avait si peu de temps qu'il avait été acteur dans une scène semblable chez Moullah-Nour, que la fable et la réalité se confondirent à ses yeux et dans son esprit ; lorsqu'il vit les gardes prêts à mettre la main sur lui, il voulut fuir ; lorsqu'il vit le bourreau lever son sabre, il poussa des cris terribles. On l'arrêta comme il allait sauter du théâtre dans la rue, et on l'entraîna, au milieu des applaudissements frénétiques de la multitude, qui n'avait jamais vu représenter la terreur avec tant de naturel.

Il était déjà depuis longtemps derrière la toile du fond, qu'on l'entendait encore appeler Iskander à son secours.

Mais Iskander avait bien autre chose à faire que d'y aller.

Iskander avait fini par se glisser près de Kassime. À peine pouvait-il respirer de joie : son cœur brûlait ; il sentait la chaleur des joues de Kassime ; il respirait le parfum de son haleine.

Que voulez-vous ! il était amoureux ; il avait vingt ans ; il aimait pour la première fois.

Mais il ne put se contenir plus longtemps lorsque, en se soulevant pour s'asseoir plus à son aise, Kassime appuya la main sur son genou.

– Kassime, murmura-t-il à son oreille, il faut que je te parle.

Et il lui serra doucement la main.

Le cœur et l'esprit de la jeune fille étaient pleins d'Iskander. Elle espérait le voir dans cette fête, à laquelle assistait tout Derbend. Ce n'était point pour Yézid qu'elle était venue ; ce n'était pas le bourreau des califes qui l'occupait.

De tous les côtés, ses regards avaient cherché Iskander, et nulle part elle ne l'avait vu.

Jugez donc de son étonnement, comprenez donc sa joie lorsqu'elle entendit à son oreille cette voix bien connue, cette voix chérie !

Elle n'eut pas la force de résister.

Iskander se leva, elle le suivit. Il l'emmena dans le coin le plus sombre du toit.

Les assistants étaient tellement occupés de Yézid, qu'il n'y avait rien à craindre.

Iskander comprit cependant qu'il n'avait pas de temps à perdre.

– Kassime, dit-il, sais-tu que je t'aime ? sais-tu que je t'adore ? Tu vois ce que j'ai entrepris pour te voir un instant, pour te dire quelques mots. Alors comprends ce que je suis capable de faire si tu me dis : « Iskander, je ne t'aime pas. » Oui ou non, Kassime ? oui ou non ?

Les yeux d'Iskander lançaient des flammes à travers son voile. Sa main gauche serrait la taille de Kassime, sa main droite la crosse de son pistolet. La pauvre enfant tremblait en regardant autour d'elle.

– Iskander, dit-elle, je ne te demande que deux choses : ne me tue pas, ne me déshonore pas ! Je serais heureuse de te serrer dans mes bras aussi étroitement que le fait la ceinture de ton sabre ; mais tu connais mon oncle.

Puis, entraînée malgré elle après un dernier moment d'hésitation :

– Iskander, dit-elle, je t'aime !

Et ses lèvres, comme le fer à l'aimant, se collèrent aux lèvres du jeune homme.

– Et maintenant, dit-elle, laisse-moi fuir.

– Soit ; mais à une condition, mon amour : c'est que demain, dans la nuit, nous nous reverrons.

Kassime ne répondit pas ; mais on lisait si clairement, dans le regard qu'elle jeta à son ami en le quittant, le mot *demain*, qu'Iskander tint le rendez-vous pour accepté.

Je ne saurais vous dire comment Kassime passa la nuit ; mais le sommeil d'Iskander fut bien doux.

Il y a des péchés après lesquels on dort mieux qu'après les meilleures affaires.

XII

L'accusation et la délivrance

Deux jours après la fête, il y avait grande réunion dans la forteresse de Narin-Kale, près de la maison du commandant.

Les noukers, armés, tenaient en bride les chevaux de leurs maîtres ; il y avait du monde dans les cours, contre la fontaine, sur les escaliers ; le salon était plein de visiteurs, et ces visiteurs étaient les premiers de la ville. À la porte d'entrée, l'interprète du commandant racontait chaleureusement quelque chose d'extraordinaire sans doute, car on l'écoutait, on le questionnait. Partout ailleurs, on parlait bas. Les vieillards levaient les épaules ; enfin, il était facile de voir que quelque fait étrange et inusité s'accomplissait ou même s'était déjà accompli.

– Oui, disait l'interprète, voici littéralement comment les choses se sont passées. Les brigands ont fait une ouverture dans la muraille et sont entrés dans la chambre de Soliman-Beg. Il s'est réveillé, mais seulement alors qu'un des brigands enlevait ses armes accrochées au-dessus de son lit. Soliman alors tira un pistolet de dessous son oreiller et fit feu, mais la balle ne toucha personne. Pendant ce temps, deux ou trois autres brigands garrottaient sa femme dans la chambre voisine. Ils accoururent au bruit du coup et vinrent en aide aux deux autres qui étaient dans la chambre de Soliman. L'obscurité empêchait que les coups ne portassent ; cependant, Soliman blessa trois ou quatre bandits ; mais lui-même tomba mort de quatre ou cinq coups de poignard. Le coup de pistolet, les cris de Soliman et de sa femme réveillèrent les voisins ; mais, tandis qu'ils s'habillaient, qu'ils allumaient les lanternes et qu'ils accouraient à la maison de Soliman, les bandits avaient brisé et vidé les coffres et étaient partis sans qu'on pût en voir et, par conséquent, en reconnaître un seul.

– Ainsi pas un de ces coquins n'a été arrêté ? demanda un nouveau venu.

– Non, et cependant on croit que l'on a saisi un de leurs complices.

– Un de leurs complices ?

– Oui, il était placé en sentinelle : il avait une corde autour du corps, pour aider sans doute ses compagnons à escalader la muraille. À sa ceinture, il portait un pistolet et un poignard ; mais il faut dire que, comme beg, il avait droit d'être armé.

– Comment ! comme beg ? Mais il est impossible qu'un beg soit complice de voleurs ! s'écrièrent à la fois plusieurs voix.

– Et pourquoi cela, impossible ? répliqua un mirza en jetant autour de lui un regard railleur. La jeunesse tatare aime fort à se distinguer.

– Oui ; mais celui d'hier est vraiment un beg, appartenant à l'une des meilleures familles de Derbend, et vous serez bien étonné quand je vous aurai dit son nom. C'est Iskander-Ben-Kalfasi-Ogli. Tenez, dans ce moment même, le commandant lit le rapport du maître de police, et à l'instant vous verrez Iskander ; l'ordre est donné de l'amener ici.

En effet, la nouvelle étonna fort tout le monde. On plaignait beaucoup Iskander. Comment un jeune homme dont la conduite était tellement exemplaire, qu'il avait été choisi pour aller chercher la neige au Chakh-Dague, pouvait-il être le complice de pareils bandits ?

L'entrée du commandant fit cesser la discussion, et un profond silence s'établit. C'était un de ces hommes qui connaissent admirablement le caractère des Asiatiques. Il était intelligemment affable, afin de mieux faire apprécier son affabilité, sévère sans cette rudesse qui envenime la justice, même quand elle est justice.

Il entra dans le salon en grand uniforme.

Tous les assistants saluèrent en appuyant les mains sur le cœur et en les abaissant le long de la cuisse jusqu'au genou.

Le commandant salua tout le monde, et parla un peu des affaires courantes. Aux uns, il reprocha doucement l'inexactitude de leur service ; il remercia les autres de faire leur devoir en confiance ; serra la main à quelques-uns des propriétaires de Derbend – il y a des propriétaires partout ! – et en invita deux à dîner le lendemain avec lui.

Puis, s'adressant à tout le monde :

– Messieurs les begs, dit-il, vous savez ce qui s'est passé la nuit dernière, n'est-ce pas ? J'ai tout lieu de penser que c'est une entreprise de nos amis les montagnards, et non pas le fait des habitants de Derbend. Je vous prie de faire tout votre possible pour rejoindre les voleurs et pour me les amener. Eh bien, ajouta-t-il en se tournant vers le mirza, est-ce que le moullah a interrogé Iskander ? S'il l'a interrogé, qu'a répondu le beg ?

– Iskander a répondu naturellement qu'il est innocent de toute cette affaire comme l'enfant qui vient de naître. Il dit qu'il a pris la corde pour aller se promener hors de la ville et remonter par-dessus la muraille à l'heure qu'il lui plairait de rentrer, attendu, assure-t-il, que, dans la ville, il étouffe. Quant aux armes, il n'a donné d'autre explication que celle-ci : « Étant beg, j'avais le droit d'en porter. »

– C'est une singulière promenade, dit le commandant, que celle qui se fait avec une corde autour des reins ! et cependant je dois dire que toute la conduite passée d'Iskander proteste contre le crime dont on l'accuse. Je désire le voir et l'interroger moi-même : faites-le entrer.

Iskander-Beg entra, son papak sur la tête, selon l'usage asiatique ; il salua respectueusement le commandant, fièrement l'assemblée, et attendit à la place qui lui fut désignée.

Le commandant le regarda froidement. À cette idée du soupçon qui pesait sur lui, le jeune beg ne put s'empêcher de rougir ; mais son regard resta ferme et limpide.

– Je ne me doutais pas, Iskander, dit le commandant, que je dusse jamais te voir conduit devant moi comme un criminel.

– Ce n'est pas le crime, c'est la fatalité qui me mène au jugement, répondit Iskander.

– Sais-tu les conséquences du crime dont tu es accusé ?

– C'est ici seulement que j'ai appris mon crime supposé. J'avoue mon imprudence : les apparences sont contre moi, je le sens ; mais coupable, moi ? Dieu le sait !

– Par malheur, Iskander, reprit le commandant, les hommes doivent céder aux preuves visibles, et, jusqu'au moment où ton innocence sera reconnue, tu dois rester sous la main de la justice. Cependant, s'il y a quelqu'un ici qui veuille répondre de toi, je consens à te laisser libre.

Iskander jeta un regard interrogateur autour de lui ; mais

personne ne s'offrit pour le cautionner.

– Comment ! dit le commandant, pas un ?

– C'est à votre volonté, commandant, répondirent en saluant les assistants.

– Eh bien, moi, je réponds de lui et m'offre pour sa caution, dit Hadji Ioussouf en s'avançant.

Le commandant sourit ; les visiteurs éclatèrent de rire ; mais le commandant fronça le sourcil, et les visages s'allongèrent.

– En vérité, cela m'étonne, messieurs, dit le commandant, que, vous qui portez si facilement caution pour les plus grandes canailles que produise notre ville, pour des misérables qui vingt fois, après avoir été cautionnés par vous, se sont enfui dans les montagnes, vous hésitiez à cautionner un jeune homme que, il y a huit jours, vous avez reconnu comme le plus pur et le plus honnête d'entre vous. Sa bonne réputation ne le sauvera pas du châtiment ; au contraire, et, s'il est coupable, il sera sévèrement puni. Mais, jusqu'à ce qu'il soit jugé, il est votre camarade, et sa vie exemplaire doit être respectée. Rentre chez toi, Iskander ; si tu n'avais pas trouvé de caution, je t'en eusse servi, moi.

Le commandant salua l'assemblée et partit pour l'église.

Le jeune beg rentra chez lui, les yeux humides des larmes de la reconnaissance.

Le soleil matinal dorait le porche de la mosquée de Derbend. Les vieillards se réchauffaient à ses vivifiants rayons en parlant des jours écoulés ; deux ou trois pauvres se tenaient debout devant la porte de la cour.

À quelques pas d'eux, un voyageur dormait sous sa bourka ; non loin du voyageur, était assis Moullah-Sédek sur son tapis.

Le saint homme s'apprêtait à quitter Derbend le lendemain matin, et faisait de mémoire les comptes de tous les petits profits que lui avait valus son voyage. Tout en repassant ses petits calculs dans sa tête, il mangeait une espèce de pâtisserie qu'il trempait dans du lait et de l'ail. De temps en temps, il plongeait sa plume de roseau dans son encrier de bois et écrivait quelques mots sur un petit morceau de papier qu'il avait à côté de lui. Il était curieux de voir avec quel appétit le saint homme mangeait son déjeuner et avec quel plaisir il faisait ses comptes.

Il était tellement plongé dans cette double jouissance, qu'il ne voyait pas devant lui un pauvre Lesghien qui lui demandait l'aumône. Le malheureux demandait un kopeck d'une voix si lamentable, que c'était vraiment un crime de lui refuser.

Moullah-Sédek entendit enfin l'espèce de litanie que chantait le pauvre diable : il leva les yeux sur lui, mais les ramena presque aussitôt sur ses comptes.

– Il y a trois jours que je n'ai mangé, mon maître, lui disait le Lesghien en lui tendant la main.

– Dix, vingt-cinq, cinquante, cent, comptait Moullah-Sédek.

– Un kopeck me sauvera la vie et t'ouvrira les portes du paradis.

– Cent, cinq cents, mille, continua Moullah-Sédek.

– Tu es moullah, insista le Lesghien, rappelle-toi ce que dit le Coran : « Le premier devoir d'un musulman, c'est la charité. »

Moullah-Sédek perdit patience.

– Va-t'en au diable ! dit-il avec colère. Est-ce pour des misérables comme toi qu'Allah inventa la charité ? Vous avez des bâtons dans la ville et de l'herbe aux champs. Quand vous avez la force pour vous, vous brigandez, sinon vous demandez l'aumône, et vous n'avez pas plus tôt cette aumône dans la main, que vous vous moquez de l'imbécile qui vous l'a faite. Tu n'auras rien de moi : je suis un pauvre voyageur, moi aussi, et tout ce que j'avais, ton brigand de Moullah-Nour me l'a pris.

Le voyageur, qui était couché sous sa bourka, et qui était resté jusque-là sans dire mot, se souleva doucement, et, lissant sa barbe avec sa main, il demanda poliment à Moullah-Sédek :

– Est-ce que Moullah-Nour a été si cruel que de laisser complètement sans argent un saint homme comme toi ? J'avais cependant entendu dire que Moullah-Nour était un homme consciencieux et qu'il prenait rarement plus de deux roubles à chaque voyageur.

– Deux roubles !... ce juif de Moullah-Nour ! Fie-toi à lui et tu seras bien heureux s'il ne te prend pas les deux yeux. Qu'il soit foudroyé par l'ange exterminateur et qu'il aille bouillir pendant l'éternité dans l'or qu'il m'a pris, dussé-je faire fondre cet or moi-même. Ne voulait-il pas me prendre jusqu'à mon aba de poil de chameau !

– C'est la vérité, dirent les vieillards, Moullah-Sédek est arrivé chez nous sans un aba et avec son manteau seulement : nous avons fait de notre mieux pour le rhabiller. Que ce bandit de Moullah-Nour soit maudit !

Le voyageur à la bourka se leva en souriant, et, tirant une pièce d'or de sa poche :

– Maudis Moullauh-Nour comme viennent de le faire ces honnêtes gens, dit-il au Lesghien en lui montrant la pièce d'or, et ce tchervoniès est à toi.

Le Lesghien tendit d'abord la main ; mais, presque aussitôt, la retirant et secouant la tête :

– Non, dit-il, Moullah-Nour a aidé mon frère dans le malheur : il lui a donné cent roubles ; dans dix occasions, il a secouru mes compatriotes. Je ne le connais pas de visage, mais je le connais de cœur. Garde ton or, je ne maudirai pas Moullah-Nour. Je ne vends ni mes bénédictions ni mes malédictions.

Le voyageur regarda avec étonnement le Lesghien et avec mépris Moullah-Sédek.

Puis, tirant quatre autres pièces d'or qu'il joignit à la première, il les donna toutes les cinq au pauvre Lesghien.

Alors, appuyant une de ses mains sur l'épaule de Moullah-Sédek et levant l'autre au-dessus de sa tête :

– Il existe au ciel, dit-il, un Dieu de vérité et il y a de braves gens sur la terre.

Après quoi, ramassant sa bourka, il la jeta sur son épaule, monta sur son cheval attaché au mur de la mosquée, et descendit tout doucement au bazar.

Puis, après avoir traversé le bazar, toujours au pas, il entra dans la rue où se trouvait la maison du maître de police.

Ce fonctionnaire était près de sa porte, entouré de plusieurs personnes auxquelles il rendait la justice ; il était déjà vieux, mais noircissait si bien sa barbe, qu'il se faisait illusion à lui-même sur son âge et se croyait dix ans de moins qu'il n'avait. Sa tchourka était ornée de galons, ni plus ni moins que celle d'un élégant, et, comme une réminiscence bien plus réelle de sa jeunesse, il avait encore quatre femmes et trois maîtresses, et buvait chaque soir plusieurs bouteilles de vin. Enfin, s'il n'eût porté lunettes, s'il n'eût été ridé comme une vieille pomme, s'il n'avait pas eu de ventre comme un potiron, on eût cru, d'après ce qu'il en disait lui-même, à une jeunesse des plus vaillantes.

Ce jour-là, Son Excellence était de mauvaise humeur : elle se fâchait contre tout le monde et querellait jusqu'aux passants.

Ce fut dans cet état d'esprit qu'il vit un voyageur descendre de son cheval et s'approcher de lui.

– *Salam Aleikoum*, Mouzaram-Beg ! dit le voyageur.

Le maître de police tressaillit, comme s'il était piqué par un scorpion, et mit la main à son pistolet.

Mais le voyageur se pencha à son oreille et lui dit :

– Mouzaram-Beg, si j'ai un conseil à te donner, c'est de ne pas toucher aux vieux amis. Je suis, d'ailleurs, venu à toi pour ton bien. J'ai un service à te rendre ; entrons seulement dans ta maison : je te dirai une chose dont tout Derbend me sera reconnaissant. Mais, si tu fais un signe ambigu, tu sais que mon pistolet renferme une balle et que cette balle va aussi juste où je veux qu'elle aille, que si, au lieu de la placer avec l'œil, je la plaçais avec le doigt. Donc, au premier signe, je fais feu. J'ai l'air d'être seul, mais ne t'y fie pas. Une douzaine de mes braves ne me perdent pas de vue, et, à mon premier appel, ils accourront. Allons, montre-moi le chemin, Mouzaram-Beg.

Le maître de police ne fit aucune objection et passa le premier.

Que se passa-t-il ensuite ? L'entrevue fut sans témoins, personne ne peut donc le dire.

On sait seulement qu'un quart d'heure après être entré, l'inconnu sortit, remonta tranquillement sur son cheval, jeta un rouble d'argent au nouker qui en avait tenu la bride, et sortit de la ville.

Deux jours après seulement, on raconta que le célèbre brigand Moullah-Nour avait eu l'audace de traverser la ville ; que, grâce à son active surveillance, le maître de police avait été averti de son passage et avait envoyé après lui douze noukers auxquels Moullah-

Nour s'était contenté de montrer les fers de son cheval.

Les gens mal élevés disaient bien pis ; mais il ne faut jamais croire à ce que disent les gens mal élevés.

Pendant ce temps, le pauvre Iskander s'attristait entre les quatre murs de sa maison. Il n'avait qu'un mot à dire pour faire connaître son innocence ; mais il eût mieux aimé cent fois mourir que de déshonorer Kassime.

L'attente du jugement, c'est l'enfer pour tout habitant de l'Asie. Un Asiatique souffre mieux un supplice qu'il n'a pas mérité que le jugement mérité, si celui-ci tarde.

– Ah ! s'écriait-il dans son impatience, des chaînes éternelles, les neiges de la Sibérie, tout plutôt que le soupçon des Russes, qui me forcent à les aimer, et que les moqueries de mes compatriotes, que je déteste. Mourir par le sabre, je le veux bien, mais par la corde, c'est mourir eux fois.

Et, enfermé sur sa parole, il rugissait en bondissant comme un tigre dans sa cage, déchirait les manches de sa tchourka et pleurait comme un enfant.

Le soir, à l'heure où toutes les rues de la ville étaient devenues solitaires, où les maisons s'animaient à la fois du bruit des voix et de l'éclat des lumières ; tandis que le musulman marié goûtait le repos de l'âme près de la femme et même près des quatre femmes que le prophète lui permet d'avoir, et qu'au contraire le célibataire s'attristait près de son foyer, Iskander, près du sien, la tête enfoncée entre ses deux mains, entendit qu'un des carreaux de sa fenêtre se brisait au choc d'un objet quelconque, et que cet objet tombait dans sa chambre.

L'objet était un caillou auquel était attaché un petit billet.

Il déplia le billet.

Moullah-Nour à Iskander, salut ! Plutôt captif et innocent que coupable et en liberté, crois-moi.

Je sais tout ; je ferai tout au monde pour que ton innocence soit reconnue.

Le reste est dans les mains d'Allah !

Patience et espoir ; ta délivrance ne se fera pas longtemps attendre.

Le lendemain, Iskander fut appelé chez le commandant ; mais il n'avait pas eu le temps d'arriver chez celui-ci, que chacun le félicitait déjà de l'heureux dénouement de son affaire.

Les brigands étaient pris : ils s'étaient rassemblés à Baktiara pour partager leur butin ; là, ils avaient été entourés et faits prisonniers.

Deux étaient des Lesghiens, deux des gens de la ville.

Dans la maison d'un de ceux-ci, était une double muraille, et, entre les deux murailles, étaient cachés les objets volés.

Iskander-Beg était tout à fait innocent.

Alors, à son tour, Iskander, profondément touché des égards dont l'avait entouré le commandant, lui avait demandé un entretien particulier, et il lui avait tout dit, tout raconté : son amour pour Kassime, le manque de parole de Festahli.

Le commandant l'écouta, moitié souriant, moitié triste.

– Iskander, lui dit-il, vois toi-même où une imprudence t'a conduit. Festahli se trompe, soit ; mais on ne se venge pas d'un trompeur en trompant soi-même. Il n'y a pas que les vols d'argent qui soient des vols : un honnête homme ne fait rien en secret. Le secret et la nuit sont le manteau des ravisseurs, des brigands. Ton bonheur futur est dans ton cœur : je ferai ce que je pourrai pour qu'il passe de ton cœur dans ta vie. Adieu, Iskander ! Au nom de ceux qui t'aiment, reste ce que tu es, et ce que tu as failli cesser d'être, un honnête homme.

Et il lui serra affectueusement la main, en lui renouvelant ses souhaits de bonheur.

Iskander était reconnu innocent, Iskander était libre ; la joie de ce double bonheur ne dura qu'un instant. Il était si triste pour le jeune homme de songer qu'il fallait renoncer à sa chère Kassime !

Le baiser qu'il avait pris sur ses lèvres répondait à chaque instant au fond de son cœur. Il se rappelait minutieusement tous les détails de sa dernière rencontre avec sa bien-aimée ; son âme semblait près de s'envoler au souvenir de cette douce voix dont elle était devenue l'écho.

– Non, disait-il, Moullah-Nour m'a écrit une sottise, et, quand à ce que m'a dit le commandant, on voit bien qu'il n'est pas amoureux. Je suis prêt à acheter Kassime même par un crime, et je suis sûr que, malgré ce crime, je serai heureux avec elle ; heureux, quand même je serais forcé de l'emporter dans la montagne, de gré ou de force. Je l'enlèverai, ne serait-ce que pour une heure : je veux tremper mon cœur dans les félicités du ciel.

La pauvre Kassime s'attristait de son côté. Dans sa solitude, elle apprit, aux dépens de ses larmes, à compter les longues heures de la séparation.

– Une rose s'est attachée à ma poitrine, disait-elle, et a murmuré : « Je suis le printemps » ; un rossignol m'a chanté son hymne d'amour et je l'ai appelé *la joie* ; Iskander m'a regardée et m'a donné un baiser, et avec ce baiser j'ai connu l'amour. Mais où es-tu, ma belle rose ? où es-tu, mon doux rossignol ? où es-tu, mon Iskander ? Ils sont où s'est envolé mon bonheur.

XIII

Le meunier

Connaissez-vous la Tengua ?

C'est tantôt un ruisseau, tantôt un torrent, tantôt une rivière, quelquefois un fleuve.

Elle court serrée pendant un quart de verste dans une étroite caverne, et c'est avec horreur qu'elle s'y enfonce ; c'est avec rage qu'elle la traverse.

Les tempêtes de plusieurs siècles n'ont point lavé les murailles de la caverne, où hurle la Tengua, des taches noires du feu.

Des rochers entiers, précipités du haut de la montagne dans le fond de l'abîme, sont devenus le lit sur lequel elle écume et bondit furieuse et bruyante.

Les alentours de cet antre sont sauvages et sombres ; son entrée est formidable.

La rive droite du torrent jette au loin sur la vallée l'ombre de ses rochers.

La rive gauche trempe dans l'eau un étroit sentier qui traverse d'abord un petit bois.

Malheur au cavalier qui s'expose, sans guide, à entrer en lutte avec cet enfer liquide, surtout au moment du dégel, ou quand la neige fond.

Malheur à lui s'il rencontre des brigands dans cet endroit qui semble fait tout exprès pour une embuscade ! La défense et la fuite y sont impossibles.

Ici, Moullah-Nour, ce même bandit du feuillet de la vie duquel nous détachons une page, ce même Noullah-Nour, avec douze de ses compagnons, arrêta trois régiments qui revenaient avec un énorme butin de l'expédition du général Pankratief.

Lorsqu'ils furent sur le point de descendre dans la rivière, il vint au-devant d'eux tout armé et sur son cheval, jeta sa bourka à terre et dit :

– Je vous salue, camarades ! Allah vous a accordé la victoire et le butin. Honneur à vous ! mais ce serait de bons chrétiens comme vous êtes que de me faire participer à votre joie. Je n'exige pas, je prie : soyons bons, et que chacun de vous me donne ce qu'il voudra. Pensez donc, frères, vous revenez riches, rapportant des cadeaux à vos parents. Moi, je suis pauvre ; moi, je n'ai pas de maison, et, pour un moment de repos dans la maison des autres, je paie une poignée d'or. Pourtant, sachez-le, frères, les hommes m'ont lâchement dépouillé de tout. Par bonheur, Allah m'a laissé la bravoure : il m'a donné, en outre, ces cavernes sombres et ces rochers nus que vous méprisez, vous. De ces cavernes et de ces rochers, je suis roi, et personne, sans ma permission, ne passe sur mes terres. Vous êtes nombreux, vous êtes braves ; mais, si vous voulez passer de force, vous perdrez beaucoup de sang, et du temps encore plus ; car vous ne passerez que quand, moi et mes braves, nous serons tombés. Chaque pierre se battra pour moi, et moi-même je verserai ici jusqu'à la dernière goutte de mon sang ; je brûlerai ici jusqu'à mon dernier grain de poudre. Choisissez, vous avez beaucoup à perdre, et moi rien. Je me nomme lumière ; mais ma vie, je vous le jure, est plus triste que les ténèbres.

Un murmure s'éleva dans les rangs des cavaliers ; quelques-uns froncèrent les sourcils ; d'autres se fâchèrent tout à fait.

– Nous foulerons Moullah-Nour aux pieds de nos chevaux, dirent ceux-là, et nous passerons. Voyez combien nous sommes et combien vous êtes ! En avant et chargeons ces bandits !

Mais nul ne se risqua le premier dans la rivière grondante, dont les fusils des douze brigands défendaient le passage.

La bravoure fit place à la réflexion, et les trois régiments consentirent à ce que demandait Moullah-Nour.

– Nous te donnons ce que nous voulons et pas autre chose, dirent-ils.

Et, disant cela, chaque cavalier jetait un peu d'argent sur la bourka du bandit.

– Mais souviens-toi que, par force, tu n'eusses pas pris un clou des fers de nos chevaux.

Et ils passaient seul à seul, un à un, devant Moullah-Nour.

Moullah-Nour les saluait en souriant.

– Par Allah ! disait-il après cette aventure qui lui avait rapporté trois ou quatre mille roubles, ce n'est pas difficile de tondre la laine des moutons du Daghestan, lorsque, moi, j'ai rasé les poils des loups du Karabach. Je ne sais ce qu'ils ont, ces Daghestans, à se plaindre de la récolte ; je ne prends la peine ni d'ensemencer, ni de labourer, ni de herser ; je me mets sur la route, je prie, et ma prière me rapporte une ample moisson. Il faut savoir s'y prendre, et, non plus de chaque voiture, mais de chaque canon de fusil, vous tirerez une abbase.

Mais, au commencement de l'été de l'année où s'accomplissaient les événements que nous racontons, on n'avait pas vu Moullah-Nour, on n'avait pas entendu parler de Moullah-Nour sur les bords de la Tengua. Où était-il donc ? Dans le gouvernement de Chekine peut-être ; peut-être en Perse, où il avait bien pu être forcé de se réfugier ; peut-être aussi était-il mort.

Personne n'en savait rien, pas même Moullah-Sédek, qui prétendait avoir été dévalisé par lui dans son voyage de Perse à Derbend.

Il avait quitté de grand matin Kouban, ce digne, ce respectable Moullah-Sédek, et il était arrivé, vers midi, à cet endroit où la Tengua, débarrassée des chaînes de la caverne, reprend sa liberté. Avare comme le sable du désert, il n'avait pas voulu prendre un guide auquel il aurait fallu, pour sa peine, donner quelques pauvres pièces de cette monnaie recueillie à boisseaux par lui à Derbend.

Le soleil du mois de juin chauffait horriblement, et notre moullah voyageur ne faisait que passer son fusil de l'épaule droite à l'épaule gauche.

Lorsqu'il vit de loin le petit bois, il fut fort content ; mais, lorsqu'il vit de près la rivière, il fut presque désespéré.

Jamais elle n'avait été si haute, si bruyante, si rageuse.

– Le diable m'emporte ! murmura-t-il, quand bien même cette rivière roulerait, au lieu de rochers, de l'argent et de l'or, si j'avais su ce qu'elle était, je n'aurais point essayé de la traverser sans guide. En vérité, je suis bien fou de n'en pas avoir pris un.

Et il regarda avec terreur tout autour de lui : les alentours étaient vides et muets.

Pourtant, en cherchant plus attentivement, il découvrit, attaché à un arbre de la forêt, un cheval tout sellé et tout bridé, et, sous ce même arbre, un simple Tatar ayant pour toute arme son kandjar, arme sans laquelle un Tatar ne sort jamais.

Moullah-Sédek s'approcha pas à pas et regarda attentivement.

La farine qui blanchissait l'habit et la barbe du Tatar indiquait que c'était un meunier. Ce meunier déjeunait.

Notre saint homme, qui avait senti son cœur battre un instant, se rassura.

– Hé ! l'ami ! cria-t-il à l'inconnu, il me semble que tu es du pays, n'est-ce pas ?

– Sans doute que je suis du pays, répondit le meunier parlant la bouche pleine.

– En ce cas, si tu es du pays, tu dois connaître tous les gués de cette rivière ?

– Oh ! je crois bien que je dois connaître les gués de la Tengua, puisqu'elle ne coule qu'avec ma permission. Telle que tu la vois, cette rivière est ma servante.

– Tu me seras bien utile, mon brave homme, et Allah te bénira si tu me conduis de l'autre côté de la caverne.

– Attends jusqu'à la nuit, répondit tranquillement le meunier. D'ici à la nuit, la rivière baissera, mon cheval se reposera, et moi-même, je serai délaissé. Un quart d'heure alors nous suffira pour traverser la caverne ; mais, à cette heure, c'est dangereux.

– Au nom d'Allah ! au nom d'Ali et de Hussein, au nom de mes prières, je suis moullah, conduis-moi sans retard, maintenant, à l'instant même !

– Oh ! dit le meunier, il n'y a pas de prières et de bénédictions qui y fassent. Jamais, par un pareil débordement, je ne passerai la Tengua.

– Laisse-moi toucher, mon ami ; Allah te récompensera, sois-en sûr, si tu fais quelque chose pour un moullah.

– Moullah tant que tu voudras, mais je ne risquerai pas de me noyer, fût-ce pour conduire le prophète lui-même.

– Ne me méprise pas ; je ne suis peut-être pas si pauvre que tu le crois, et, si tu me rends service, ce ne sera pas pour rien.

Le meunier sourit.

– Eh bien, voyons, que me donneras-tu ? dit-il en grattant sa barbe.

– Je te donnerai deux abbases ; j'espère que c'est raisonnable.

– Bon ! deux abbases ? Avec deux abbases, je n'aurai pas même de quoi faire ferrer mon cheval. Non, je ne te conduirai pas même pour deux roubles ; car, avec deux roubles, on ne peut pas acheter une tête, et on risque tout simplement sa tête dans cet affreux passage.

On marchanda longtemps ; enfin, Moullah-Sédek finit par donner la somme que le meunier exigeait.

En laissant prendre à son conducteur la bride de son cheval, Moullah-Sédek se rendait à discrétion et se livrait entièrement à son expérience. Le saint homme faillit mourir de peur, lorsqu'il commença de traverser la rivière et de s'engager sous l'ouverture de la caverne. Mais, lorsque, par l'autre ouverture, il commença de revoir la vallée couverte d'herbe, de soleil et de fleurs, le courage lui revint, et, pensant qu'il n'avait plus rien à craindre :

– Voyons, avanceras-tu plus vite, canaille ? dit-il à son conducteur.

Mais notre brave moullah redevenait brave un peu trop tôt. C'est vers la fin du gué surtout que la rivière était plus profonde et plus dangereuse.

Le conducteur s'arrêta justement à cette place, et, tournant son cheval :

– Eh bien, Sédek, lui dit-il, tu n'as plus qu'à faire dix pas et tu es sur le bord. Maintenant, réglons nos comptes. Tu sais que j'ai bien gagné la pièce d'or, hein ?

– Une pièce d'or ! as-tu une conscience, l'ami ? Non, tu ris peut-être. Autant que je me fusse fait bâtir, pour passer, un pont d'argent. Achève donc, mon cher, et, sur l'autre bord, je te donne deux abbases et tu te sauves.

– Bon ! nous étions convenus de mieux que cela, ce me semble.

– Sans doute, sans doute. La nécessité... Tu m'as mis le poignard sur la gorge, et il fallait bien passer. Où veux-tu qu'un pauvre voyageur prenne tant d'argent ? Hélas ! on m'a déjà tant volé !

Allons, allons, conduis-moi sur l'autre bord, mon frère, et, arrivé là, tu iras à tes affaires, et moi, j'irai aux miennes.

– Non pas, dit le meunier en secouant la tête. Je te l'ai dit et je te le répète, je ne quitterai pas cette place avant d'avoir fait mes comptes avec toi, et nos comptes ne datent pas de ton passage d'aujourd'hui. Tu n'as pas de conscience, Moullah-Sédek, mais tu as sans doute de la mémoire. Pour inspirer plus de pitié et obtenir plus d'argent, à Derbend, tu as inventé que Moullah-Nour t'avait arrêté, dépouillé, tout pris. Dis-moi, où cela s'est-il passé ?

– Je n'ai jamais dit cela, s'écria Moullah-Sédek ; qu'Allah me punisse si j'ai dit cela !

– Souviens-toi de la cour de la mosquée, Sédek ; souviens-toi de ce que tu as dit au Lesghien, de ce que tu as raconté au voyageur qui dormait sur sa bourka. Et maintenant, regarde-moi comme je te regarde, c'est-à-dire face à face, et peut-être que nous nous reconnaîtrons.

Moullah-Sédek regarda son conducteur ; sous la farine qui le couvrait, il était d'abord méconnaissable, mais la farine avait disparu ; peu à peu sa barbe, de blanche, était devenue noire ; au-dessous de ses sourcils froncés, brillaient deux yeux noirs. Ne lui voyant cependant, avec tout cela, d'autre arme que son poignard, Moullah-Sédek saisit son fusil ; mais, avant qu'il l'eût armé, la pointe du kandjar était sur sa poitrine.

– Si tu remues un seul poil de tes moustaches, dit le faux meunier, je te préviens que, comme Jonas, tu iras prêcher aux poissons de ne boire ni vin ni eau-de-vie. Allons, allons ! jette ton fusil, jette ton sabre. Ton affaire, à toi, est de tromper les gens aux boutiques et dans la chaire ; de mentir le matin, de mentir le soir, de mentir toujours ; mais le combat est le métier des braves cœurs : ce n'est donc pas le tien. Ne bouge pas, te dis-je, fils de chien ! Ici, je n'ai pas même besoin de brûler pour toi une charge de poudre, et voilà pourquoi je n'ai pas pris d'arme à feu ; que je lâche seulement la bride de ton cheval et, dans cinq minutes, tu es un cadavre.

Moullah-Sédek, à ces paroles, devint pâle comme une cire. Il s'accrocha à la crinière de son cheval, sentant que la tête lui tournait et qu'il allait glisser de sa selle. Mais, sans perdre un instant de vue ce kandjar maudit qui, pareil à un éclair, brillait sur sa poitrine :

– Grâce ! je suis moullah ! s'écria-t-il.

– Je suis moi-même moullah, répondit le guide, et même plus que moullah : je suis Moullah-Nour.

Moullah-Sédek poussa un cri et tomba sur la crinière de son cheval, tenant son cou à deux mains, comme s'il sentait déjà sur sa nuque le fil tranchant de l'acier.

Moullah-Nour se mit à rire de la terreur de Sédek ; puis enfin, le redressant, il lui dit :

– Tu m'as déshonoré par ton récit aux habitants de Derbend ; tu as fait croire à tout le monde que je t'avais volé jusqu'à ton dernier kopeck, jusqu'à ta dernière chemise, moi qui donne au pauvre le morceau de pain qu'il a inutilement mendié à la porte du riche, moi qui, des marchands eux-mêmes, ne prends jamais plus qu'une pièce d'or, et cela pas pour moi, mais pour mes compagnons ; pour mes compagnons qui, si je ne les retenais pas, pilleraient et tueraient sans honte et sans remords. Il y a plus : c'est toi qui es un voleur, car tu as voulu voler ton guide en lui refusant ce que tu lui avais promis ; enfin, c'est toi qui es un assassin ; car, lorsque j'ai réclamé de toi ce qui m'était légitimement dû, tu as voulu m'assassiner.

– Aie pitié de moi, pardonne-moi, bon Moullah-Nour, dit Sédek.

– As-tu plaint quelquefois le sort du pauvre que tu voyais mourant de faim ? Aurais-tu eu des remords, si tu m'avais tué ? Non ; car tu es un misérable. Tu battais monnaie avec chaque lettre du Coran, et, dans tes intérêts, pour ton profit, tu mettais le désordre dans les familles. Je te connaissais ; je savais quel homme tu es, et je ne t'ai pas touché lorsque, en allant à Derbend, tu es passé par ici. Tu ne m'as pas vu, toi ; tu ne m'as pas rencontré ; tu ne me connaissais pas, et tu m'insultais. Eh bien, maintenant tu ne mentiras pas en racontant que je t'ai volé. Moullah-Sédek, donne-moi ton argent.

Moullah-Sédek poussa de grands cris, versa de grosses larmes ; mais il était pris, il lui fallut céder. Il jeta, les uns après les autres, tous ses pauvres roubles dans le sac que lui tendait Moullah-Nour, serrant chacun d'eux avant de le lâcher, comme si l'huile d'argent lui devait rester aux doigts.

Enfin, arrivant au dernier :

– C'est tout, dit-il.

– Tu mentiras donc jusque dans la tombe ? s'écria Moullah-Nour. Voyons, Sédek, si tu ne veux pas faire une connaissance plus intime avec mon poignard, compte mieux. Tu as encore de l'argent, ou plutôt de l'or dans la poche intérieure de ta tchouska ; je sais quelle somme et je puis te la dire : quinze cents roubles ; est-ce cela ?

Sédek se lamenta fort, mais il fut forcé de donner jusqu'à la dernière de ses pièces d'or.

Moullah-Nour avait dit vrai, il en savait le compte.

Alors Moullah-Nour conduisit Sédek au bord tant désiré de la rivière, et, là, il le fit descendre de son cheval.

Moullah-Sédek croyait en être quitte avec le bandit, mais il se trompait.

– Maintenant, ce n'est pas tout, dit celui-ci ; tu as empêché le mariage d'Iskander-Beg, et c'est à toi de raccommoder ce que tu as détruit. Tu as un encrier à ta ceinture ; écris à Hadji Festahli que tu as reçu en route une lettre de ton frère, dans laquelle il te dit que son fils ne veut pas se marier et est parti pour aller en pèlerinage à La Mecque ; dis même qu'il est mort, si tu veux. Tu ne dois pas être embarrassé pour mentir, que diable ! Seulement, arrange-toi de façon qu'Iskander épouse sa promise. Sans cela, c'est toi que je marie, Moullah-Sédek, et avec les houris encore.

– Jamais ! s'écria Moullah-Sédek, jamais ! Non, non, non, cela ne sera pas. Tu m'as pris tout ce que j'avais, contente-toi de ce que tu m'as pris.

– Ah ! c'est ainsi ? dit Moullah-Nour.

Il frappa trois fois dans ses mains, et, à la troisième fois, douze bandits apparurent comme s'ils sortaient des rochers.

– Le respectable Moullah-Sédek désire écrire, leur dit Moullah-Nour ; secondez-le, mes amis, dans cette louable intention.

En un instant, Moullah-Sédek, si c'était là, en effet, son désir, n'eut plus rien à souhaiter. Un des bandits détacha son encrier, un autre trempa la plume dans l'encre, un autre lui présenta du papier, un autre enfin, appuyant ses mains sur ses genoux et baissant ses épaules, lui offrit son dos en guise de pupitre.

Trois fois Moullah-Sédek commença d'écrire, mais trois fois, soit erreur, soit mauvaise volonté, il s'interrompit.

– Eh bien ? lui demanda Moullah-Nour d'une voix d'autant plus menaçante qu'elle semblait parfaitement calme.

– L'encre est mauvaise, et j'ai la tête si troublée, que je ne trouve pas les mots.

– Écris avec ton sang et pense avec ton papak alors, dit Moullah-Nour en faisant briller de nouveau le terrible kandjar ; mais écris au plus vite ! sans quoi, je te mets un tel poing entre les deux sourcils, que le diable seul pourra dire à quelle lettre de l'alphabet tu ressembles.

Moullah-Sédek comprit que ses hésitations avaient duré assez longtemps, et se décida enfin à écrire.

– Mets ton cachet maintenant, lui dit Moullah-Nour quand la lettre fut terminée.

Moullah-Sédek obéit.

– Là ! à présent, donne-le-moi, fit Moullah-Nour, je me charge de la mettre à la poste.

Il prit la lettre, la lut, s'assura qu'elle était bien telle qu'il la désirait, la fourra dans sa poche, et alors, jetant à Moullah-Sédek tout ce qu'il lui avait pris :

– Voilà ton or et ton argent, Sédek, dit-il ; reprends-les, il n'y manque pas un kopeck. Et maintenant, lequel de nous deux est avare ou voleur ? Dis. Pourtant, ce n'est pas un don, c'est un paiement. Tu as noirci mon nom à Derbend, tu dois le redorer à Schoumaka, et cela en pleine mosquée. Va donc, et sache que, si tu n'accomplis pas mes ordres, ma balle te retrouvera, si bien caché que tu sois. Tu es convaincu que je sais tout : je te prouverai que je peux tout.

Moullah-Sédek s'engagea à tout ce qu'exigeait de lui le bandit, reprit son argent tout joyeux, le remit dans ses poches, après s'être assuré que ses poches n'étaient pas trouées, et, remontant sur son cheval, il partit au galop.

Deux jours après, Moullah-Sédek scandalisait les habitants de Schoumaka par un discours dans lequel il faisait l'éloge de Moullah-Nour, le comparant à un lion qui aurait dans la poitrine un cœur de colombe.

XIV

Conclusion

Probablement que la lettre écrite à Festahli par son ami Moullah-Sédek ne laissait plus au premier aucune espérance pour l'union sur laquelle il avait compté ; car, une semaine après que la lettre fut parvenue à son adresse, on entendit un soir, dans les rues de Derbend, de la musique et des chants.

On conduisit la belle Kassime à la maison de son fiancé Iskander.

Tout Derbend la suivait : les cris et les acclamations fendaient l'air dans tous les sens, et, du toit de chaque maison, semblaient jaillir, comme de brillantes fusées, d'innombrables coups de fusil.

Toute la ville en feu semblait se réjouir du bonheur d'Iskander.

Iskander-Beg, en entendant ce bruit et cette musique, s'était vingt fois approché de sa porte, et, chaque fois, la coutume lui avait défendu de l'ouvrir.

Enfin, à la vingt et unième fois, comme le cortège était arrivé presque à son seuil, qu'il entrebâillait sa porte, qu'il y passait timidement la tête, un cavalier lui tendit la main en disant :

– Iskander, qu'Allah te donne tout le bonheur que je te souhaite !

Et, à l'instant, il retourna son cheval pour ne pas être pris au milieu de la foule.

Mais, en retournant son cheval, il se trouva en face d'Ioussouf, qui, naturellement, était le premier garçon de noce d'Iskander.

Ioussouf-Beg reconnut le cavalier et ne put s'empêcher de pousser un cri de terreur.

– Moullah-Nour ! s'écria-t-il.

Ce nom, comme on le comprend bien, jeta un grand trouble dans la fête.

Le cri de « Moullah-Nour ! Moullah-Nour ! » retentit de tous les côtés.

– Par ici ! par là ! attrapez-le ! tenez-le bien ! hurlaient ensemble dix mille voix.

Mais Moullah-Nour s'était élancé rapide comme l'éclair.

Tous les jeunes gens qui suivaient à cheval le cortège de la fiancée se mirent à la poursuite du bandit.

Moullah-Nour ne courait pas, il volait par les rues de Derbend, et l'on voyait seulement dans l'ombre jaillir les étincelles sous les fers de son cheval.

Mais, comme les portes de la ville étaient fermées, Moullah-Nour ne pouvait sortir. Plusieurs coups de fusil, tirés sur lui, éclairèrent sa course, et l'on vit que cette course se dirigeait vers la mer. Là, il allait se trouver pris entre les murailles et l'eau.

Un instant, le bandit s'arrêta : la mer était agitée.

On voyait bondir les vagues et voler leur écume ; on entendait leurs mugissements.

– Il est pris ! il est à nous ! Mort à Moullah-Nour ! s'écrièrent ceux qui le poursuivaient.

Mais le fouet de Moullah-Nour siffla comme le vent, brilla comme l'éclair, et son cheval s'élança, du rocher où il s'était arrêté un instant, au milieu des vagues.

Ceux qui le poursuivaient s'arrêtèrent lorsque les flots de la mer Caspienne mouillèrent les jambes de leurs chevaux.

Ils regardèrent en mettant leurs mains sur leurs yeux et en essayant de percer l'obscurité.

– Il est perdu, noyé, mort ! s'écrièrent enfin ceux qui poursuivaient le bandit.

Un formidable éclat de rire répondit à ces cris, et un hourra poussé par une douzaine de voix, sur une petite île qui s'élève à un quart de verste de Derbend, annonça aux poursuivants désappointés que, non seulement Moullah-Nour était sauvé, mais même qu'il se retrouvait au milieu de ses compagnons. Les portes sont bien fermées dans la maison d'Iskander. Tout est bien tranquille dans sa chambre ; à peine y entend-on un faible chuchotement. La gaieté cherche le bruit ; le bonheur aime le silence et la solitude.

Milton Keynes UK
Ingram Content Group UK Ltd.
UKHW051138120923
428521UK00009B/414